出ない順

中山の日本史C

著＝中山
イラスト＝千野エー

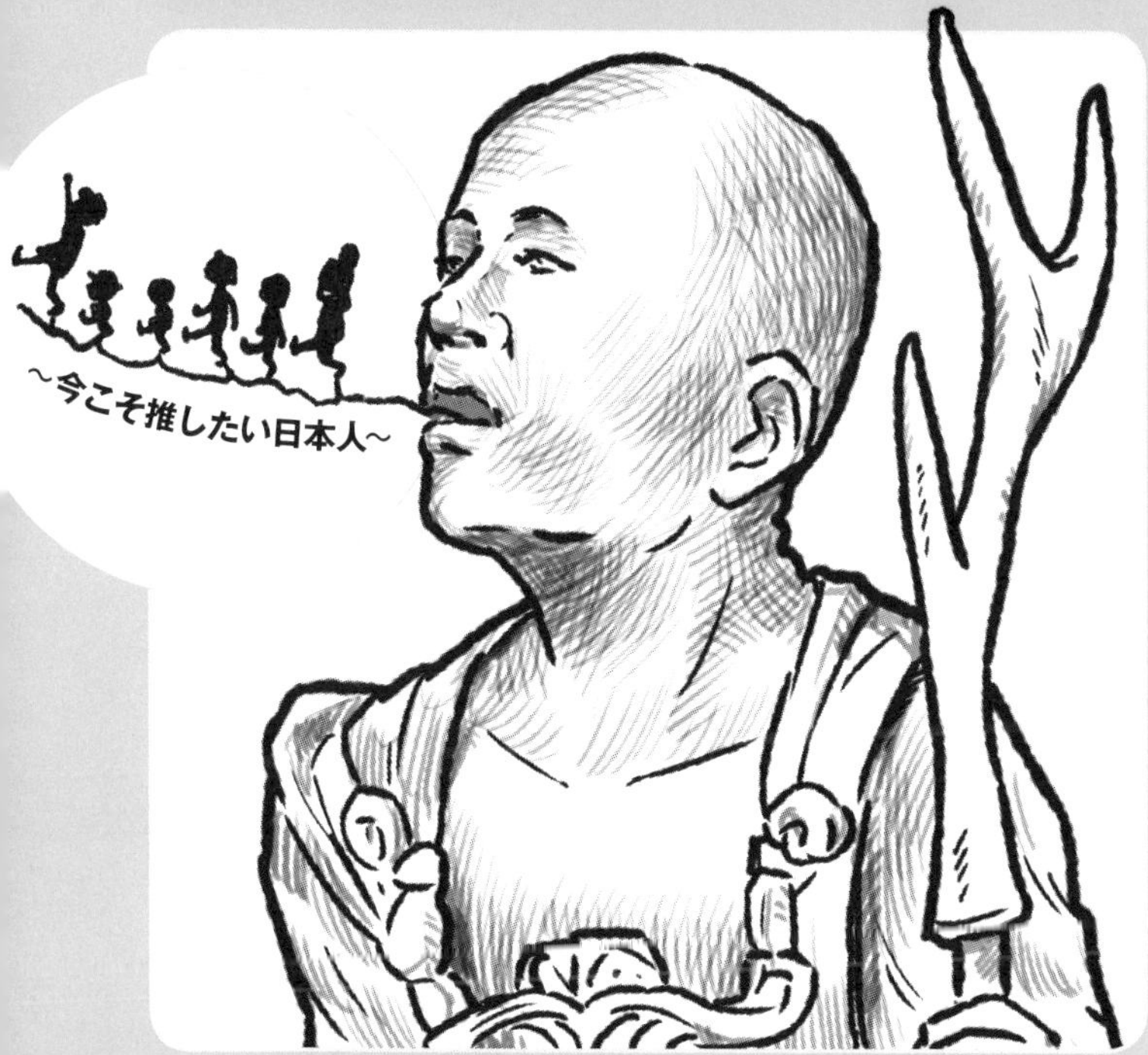

飛鳥新社

はじめに

こんにちは、中山です。

『中山の日本史Ｃ』をお手に取っていただき、誠にありがとうございます。念のため確認させていただきますが、「山川」ではなく「中山」です。お間違えないでしょうか？　紛らわしくて恐縮ですが、歴史の教科書でお馴染みのあの出版社ではありません。冒頭でご挨拶申しあげましたが、中山は個人名です。また、中山と言っても中山秀征や中山美穂でもありません。『中山美穂の日本史Ｃ』でしたら、さぞかし興味深い内容になったかもしれませんが、残念ながらそこまで尖った本でもありません。

本書は、日本史の登場人物や出来事を題材にした歴史コメディです。出ない順と銘打っている通り、試験勉強の役に立つ類の内容ではなく、むしろ役に立たないタイプの本です。日本史に詳しい方でなくても楽しんでいただけるものから、ややマニアックなものまで、幅広く取り上げさせていただきました。幅広く取り上げたにもかかわらず役に立たないという、使いどころに困る点が本書の特徴です。

世の中は今、空前の日本史ブームです。大河ドラマや司馬遼太郎くらいしかなかった一昔前とは違い、フランス料理のシェフが戦国時代にタイムスリップして信長の料理を作るとか、宮本武蔵が現代に蘇り格闘家と異種格闘技戦をするなど、大混乱の様相を呈しています。以前は日本史の会話など一部のおじさんを除いて、相手との距離を広げるくらいしか作用せず、飲み会を盛り下げる話題の代名詞として扱われていました。ところが、最近は歴女なる女性が登場するなど受け皿が広がり、うっかり沖田総司の話でもしようものなら、スイーツやファッションの話題のように盛り上がり、やがて恋に落ち、ともすれば結婚にまで発展してしまう始末です。日本史好きが災いして暗い青春時代を送った私としては隔世の感があり、雑草でも投げつけたくなります。

歴史的事実に執着するあまり、固定化されてしまっていたこれまでの歴史上の人物のイメージや出来事を自由な発想で覆したことは、様々な層に向けた作品が生まれる呼び水となり、日本史への間口を広げてくれました。本書でもそんな間口の広さにつけ込んで、勝手な解釈やパロディで彼らを紹介しています。日本史のコメディ本として、広い心と暖かい目、箸が転がっても笑えるような心持ち、複数冊買う予算、宣伝するためのＳＮＳアカウントなどをご用意の上、楽しんでいただけると幸いです。

中山

主な登場人物紹介

千利休

動けば雷電のごとくお茶を点て、発すれば風雨のごとくお茶を浴びせる治世の能茶、乱世の奸茶。

勝海舟

無血海軍伝習所、無血渡米、無血開城、無血氷川清話でお馴染み、完全無血の安房守。

清少納言

「いとをかしき こともなき世を いとをかしく」でお馴染み、平安時代の女流作家。

福沢諭吉

酔って益々盛んでお馴染み、幕末一の酒豪。ベストセラー『学問と飲酒のすすめ』の著者。

聖徳太子

１００円、１０００円、５０００円、１００００円、紙幣になること最多の7回。日本一お金の似合う厩戸皇子。

源頼朝

「つまずいて落馬したって いいじゃない 将軍だって人間だもの」の鎌倉殿。

徳川家康

「勝って兜の緒を締めよ 負けて尻の穴を緩めよ」を地で行く海道一の弓取り。

遠山景元

「この桜吹雪、散らせるもんなら散らしてみろぃ!」コーヒー好きの元ヤン刺青奉行。

山田浅右衛門

首を打ち続けて300年。浪人だけど、落とした首と業の深さじゃ誰にも負けない江戸の死刑執行人。

源義経

自由な発想と、得意の八艘飛びで平家と自らを滅ぼした牛若丸。

大谷吉継

秀吉に「100万の軍勢を指揮させたい」と評されるも、特異な出で立ちで戦場を駆け抜けた戦国時代のスケキヨ。

卑弥呼

「稗《ひえ》がなければ粟《あわ》を食べればいいじゃない」日本最古のプリンセス・オブ・プリンセス。

織田信長

1963年の初放映から2016年までの55回まで、合計14回本能寺で殺された大河ドラマの風雲児。

東郷平八郎

「動かざること山の如し」を海上で実践したアドミラル・トーゴー。

福島正則

戦場と酒席で大暴れし、敵・味方から恐れられるも茶席では大人しかった猪武者。

西郷隆盛

彼以外から聞いたことのない、唯一にして最大の「おいどん」と「ごわす」の使い手。

目次

第一章

試験で狙われない日本史

〈古墳〜室町時代〉

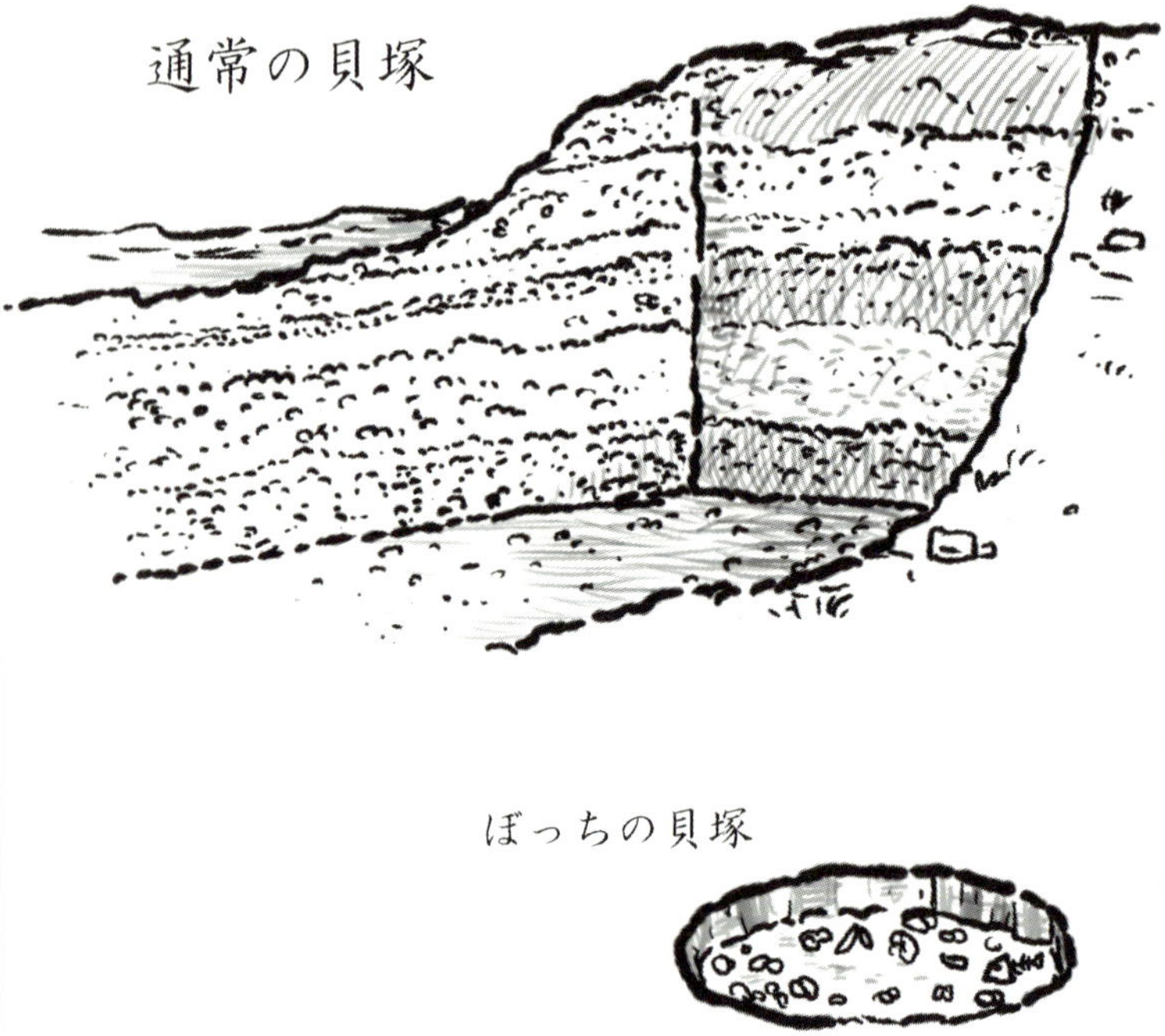

01

貝《かい》塚《づか》

【古代のお前ら】

豆知識

古代にだって友達や家族ができず、
ぼっち飯を強いられていた
「お前ら」みたいな古代人もいたことでしょう。
そう考えれば、考古学者じゃなくたって
ただのゴミ捨て場にも共感できるってもんです。
特に私は。

02

卑《ひ》弥《み》呼《こ》 一

（生没年不詳）

【私の女子力は530000です】

豆知識

日本史の授業で最も初めに覚える人物。神秘的な力（呪術）で国を治めていたそうですが、詳しいことは分かっていません。卑弥呼の死亡後に、男性が統治したところ国が荒れ、結局、壹与という女性の支配者に戻したとのことなので、案外、女子力で治めていたのかもしれません。第三形態まで変態するかは不明。

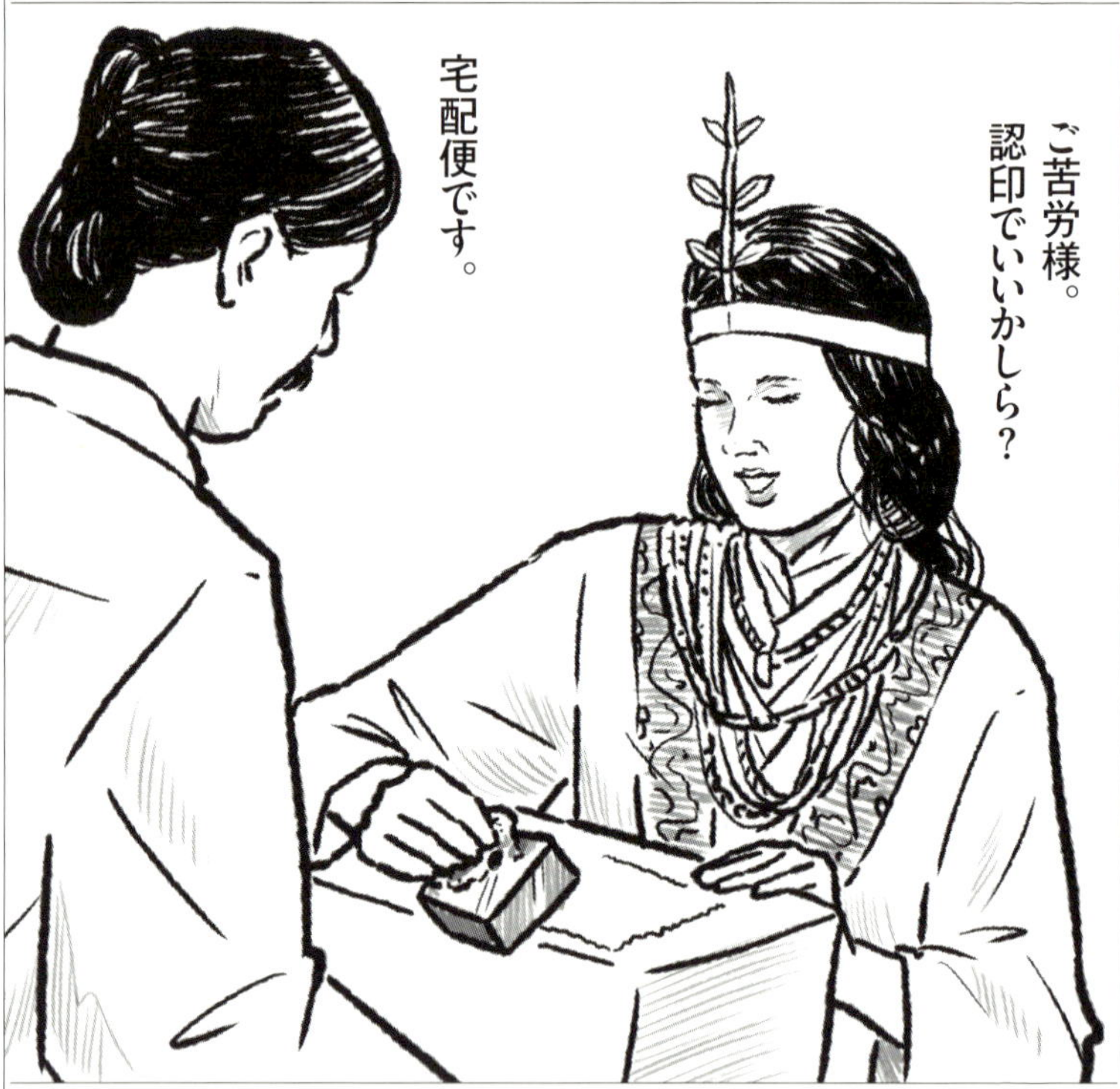
ご苦労様。
認印でいいかしら？
宅配便です。

03

卑《ひ》弥《み》呼《こ》 ㊁

（生没年不詳）

【認め金印】

豆知識

卑弥呼は中国の魏に使いを送り、親魏倭王の称号を受け、金印をもらったそうです。この金印はまだ見つかっていませんが、印鑑登録をしているのであれば、区役所で登録廃止の手続きが必要です。認印なら大丈夫でしょうが。

04

三《さん》角《かく》縁《ぶち》神《しん》獣《じゅう》鏡《きょう》

【三面縁神獣鏡】

豆知識

三角縁神獣鏡は前期古墳から出土される銅鏡です。一説によると、卑弥呼が魏から下賜された銅鏡がこれであると言われています。

さらにもう一説によると、この鏡を使って、後ろ髪の刈り上げ具合のチェックをしていたと言われているとかいないとか。

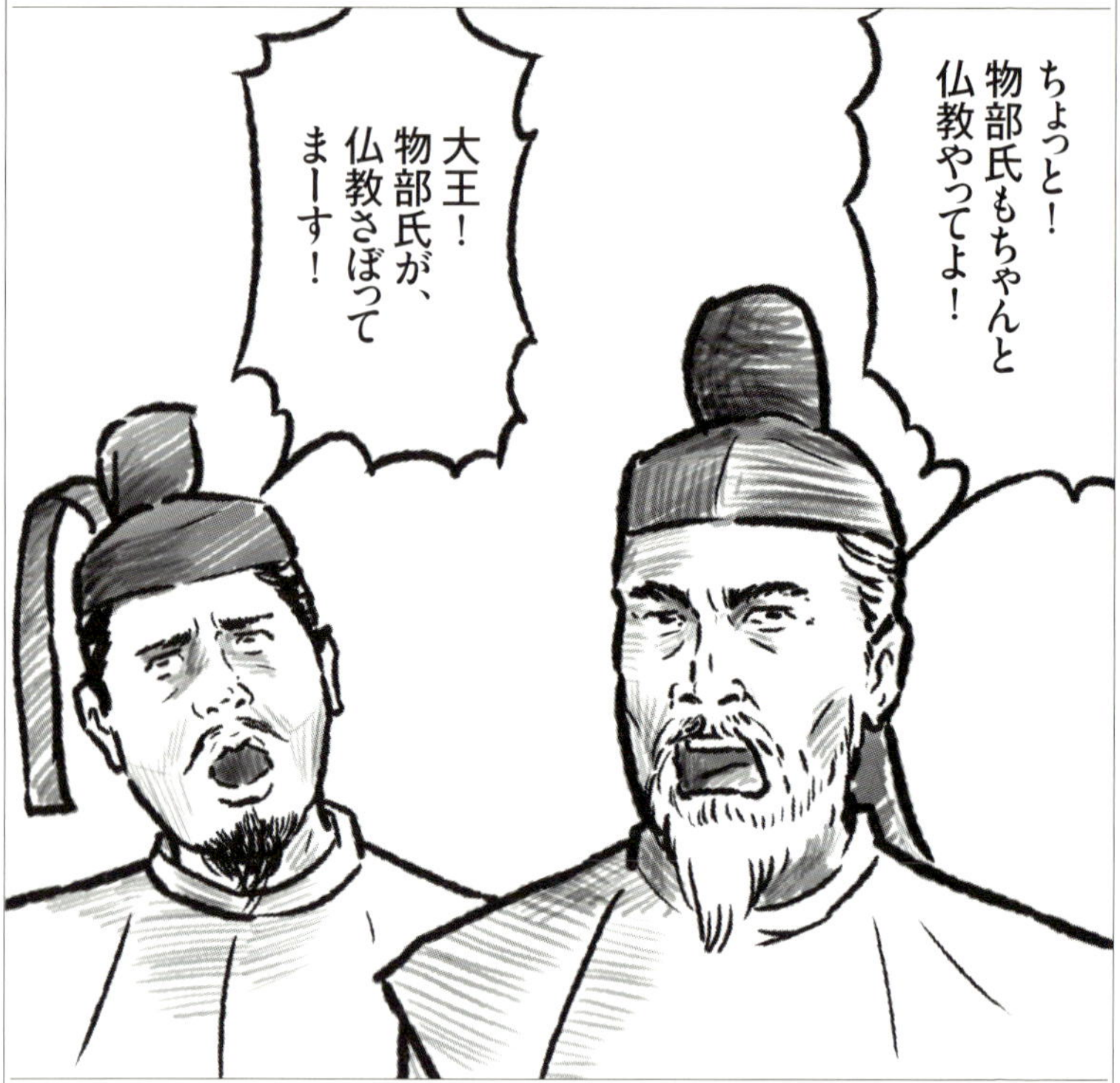

05

蘇《そ》我《がの》馬《うま》子《こ》と蝦夷《えみし》

（？〜六二六年）／（？〜六四五年）

【物部《もののべ》氏《うじ》は黙ってなさいよ！】

豆知識

蘇我馬子は乙巳の変で自害した蘇我蝦夷の父、殺害された蘇我入鹿の祖父。三代揃ってパンチの効いた名前の影響か、能力や実績にかかわらず悪役が似合ってしまう残念な家柄です。完全に死んでいますが、再評価目指して頑張って欲しいものです。

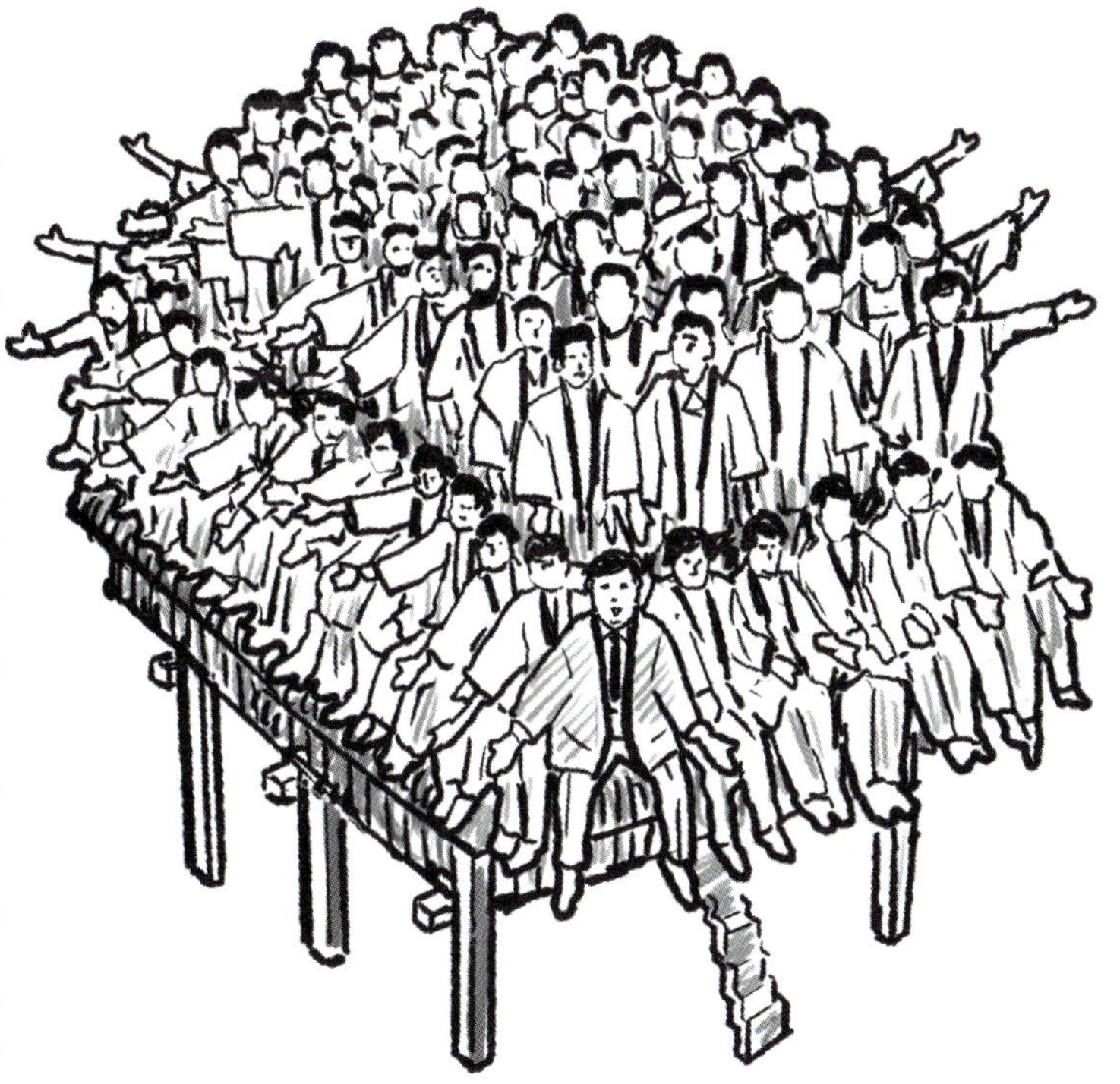

06

高《たか》床《ゆか》式《しき》倉《そう》庫《こ》

【やっぱりイナバ、高床式でも大丈夫！】

豆知識

床を地表から離して高くすることで、湿気を防ぎ、洪水やねずみ、害虫などから米を守ることが可能となった弥生時代の発明品。もちろん、100人乗ったって大丈夫です。きっと。

07

小《お》野《のの》妹《いも》子《こ》 一

（生没年不詳）

【格差古代社会】

豆知識

日本初のキラキラネームとして圧倒的知名度を誇る小野妹子。小学生に大人気です。聖徳太子は、「たいし」なのに、なぜ彼は「まいし」でなくて「いもこ」なんでしょうか。訓読みが産んだ悲劇です。

隋から帰ってまいりました。
戻ってきたとこ悪いんだけど、明日から東北行って、蝦夷の攻略に加わって。あ、煬帝なんて言ってた？隋の報告書もお願いね。
そうそう、たまに休みの日に連絡取れないよね。呼び出しかかるかもしれないんだから常に遣隋できる準備しておいてね。

08

小《お》野《のの》妹《いも》子《こ》 ㊁

（生没年不詳）

【古代ブラック企業 倭《わ》民《たみ》】

豆知識

小野妹子は607年と608年の2年連続で隋に渡っています。1回目は隋の煬帝に国書を渡し、2回目は来日していた裴世清という使者を本国に送り届けました。当時の航海術はお粗末でかなりの確率で難破したそうですから、並大抵のブラックではありません。

09

殖《え》栗《ぐりの》皇《み》子《こ》と山《やま》背《しろの》大《おお》兄《えの》王《おう》

（生没年不詳）／（?～六四三年）

【前にいたら切られなかったのに】

豆知識

聖徳太子が紙幣にされた回数は、計7回。断トツの一位で、まさに日本銀行券の顔。両隣の若者は敢え無く切り取られていますが、さぞかし前に出たかったことでしょう。向かって左側が聖徳太子の弟の殖栗皇子で、右側が息子とされる山背大兄王。殖栗皇子は「困り顔」の開祖です。

10

中大兄皇子《なかのおおえのおうじ》と中臣鎌足《なかとみのかまたり》

（六二六～六七一年）／（六一四～六六九年）

【タランティーノ監督が描く レザボア・ドッグス風「乙巳の変」】

豆知識

かつては蘇我入鹿虐殺事件も含めて「大化の改新」と呼んでいましたが、現在は６４５年が十支の乙巳にあたることから「乙巳の変」と呼んでいます。知らないとおっさん扱いされるのでナイスミドルの方は気をつけて下さい。

11

租《そ》庸《よう》調《ちょう》

【気が滅入るキーホルダー】

豆知識

租・庸・調は、律令制時代の税制。

かつて様々な観光地に、「友情」や「努力」と書かれた謎のキーホルダーが何の脈絡もなく売られていましたが、それに勝るとも劣らない謎かつ気が滅入るキーホルダーです。

12

鑑《がん》真《じん》

（六八八～七六三年）

【ジェームズ・キャメロン監督が描く鑑真】

豆知識

鑑真は都合6回ほど日本への渡航にトライしましたが、途中で視力を失うなど艱難辛苦の上にようやく日本へたどり着きました。最初の渡日作戦から実に10年、トム・クルーズも真っ青なミッション：インポッシブルなクルーズです。

13

空《くう》海《かい》

（七七四〜八三五年）

【空海の本名】

豆知識

真言宗の開祖、空海の本名は佐伯眞魚《さえきのまお》。現代の真央ちゃんはフィギュアスケート人気に火をつけた雪上の天使。こちらの眞魚ちゃんも留学先の中国から男色文化を輸入したと言われ、男色ブームに火をつけた床上の堕天使です。

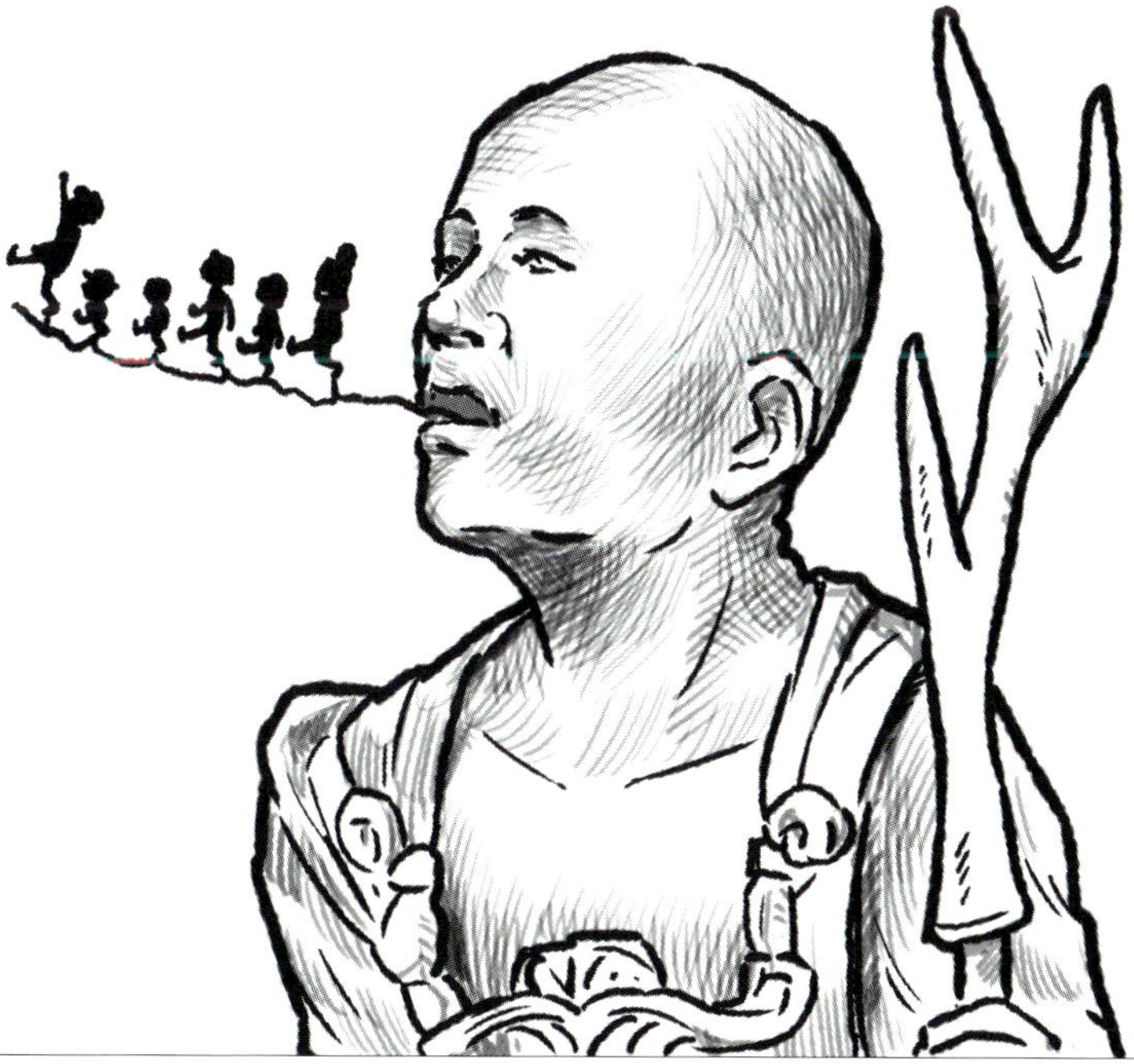

14

空《くう》也《や》

（九〇三～九七二年）

【栄若鰹波舟鱒鱈】

豆知識

空也の口から出ている六体の像はそれぞれ「南無阿弥陀仏」を表現しています。磯野家バージョンですと「栄若鰹波舟鱒鱈」となりますが、念じても極楽浄土へは行けないでしょう。

コラム 一 重要文化財を現代に活かす①

六《ろく》波《は》羅《ら》蜜《みつ》寺《じ》　空也上人立像

妊婦への気遣いに

横断歩道の注意喚起に

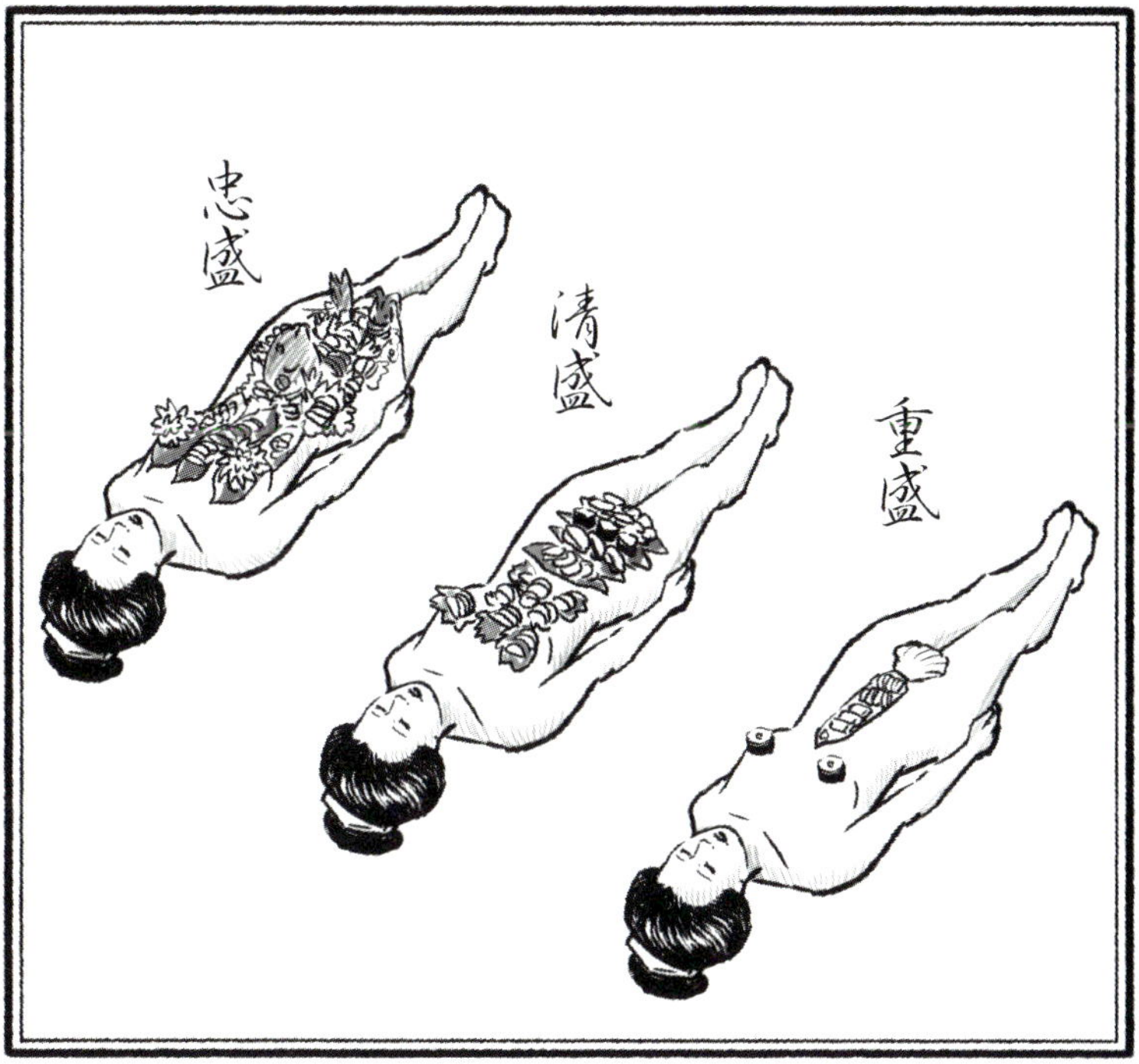

15

平《たいらの》清《きよ》盛《もり》・重《しげ》盛《もり》・忠《ただ》盛《もり》

（一一一八～一一八一年）／（一一三八～一一七九年）／（一〇九六～一一五三年）

【重盛→清盛→忠盛の順で、ランクアップするやや分かりにくい平家の女体盛り】

豆知識

ランクアップとともに、料理は豪華になるものの、肌の露出は減っていくという「女体盛りとはいったい何なのか」を考えさせられる哲学的な料理です。

16

那《な》須《すの》与《よ》一《いち》

（一一六九〜？）

【ストラックアウト】

豆知識

那須与一は幼い頃からの弓の猛特訓の影響で左右の腕の長さが違ったという伝説が残っています。テニスやバドミントンのプロフェッショナルのようですが、この猛特訓が屋島の戦いの勝利を呼び、那須高原の名を全国に轟かせる所以となったのです。

17 安《あん》徳《とく》天《てん》皇《のう》

（一一七八～一一八五年）

【ジェームズ・キャメロン監督が描く平家物語のクライマックス、安徳天皇の最期】

豆知識

高倉天皇と建礼門院徳子の子で、平清盛の孫。数え年8歳という歴代最年少の天皇として崩御されました。ターミネーターでお馴染みのジェームズ・キャメロン監督であれば、彼の死が平家の栄華（映画）を終わらせるという粋な演出をしたかもしれません。

18

平《たいらの》時《とき》子《こ》

（一一二六～一一八五年）

【時子も一緒に】

豆知識

水の都ヴェニスに憧れる8歳の安徳天皇を「波の下にも都があります」と、巧みに誘い込み、見事、無理心中を成功させたというガッツポーズです。

19

十《じゅう》二《に》単《ひとえ》

【こっそりヒートテックを着て十二単に】

豆知識

十二単の十二は数の多さを表しており、12枚着ている訳ではありません。実際は唐衣（からぎぬ）・表着（うはぎ）・打衣（うちぎぬ）・五衣（いつつぎぬ）・単衣（ひとえ）・長袴（ながばかま）・裳（も）・非違戸鉄久（ひーとてっく）からなり、7～8枚が一般的だったようです。

20 源《みなもとの》義《よし》経《つね》と武《む》蔵《さし》坊《ぼう》弁《べん》慶《けい》

（一一五九〜一一八九年）／（?〜一一八九年）

【予定がある日に限って】

豆知識

判官贔屓でお馴染みの義経ですが、これ以外に中国の兵法書『六韜《りくそう》』の一つ『虎韜《ことう》』を読んで戦に勝利したことから「虎の巻」の語源にもなっています。見た目は色白で歯が出ていたそうです。一方で弁慶には黒人説も存在し、ひょっとしたらオセロみたいなコンビだったのかもしれません。

21

源《みなもとの》義《よし》経《つね》 ❶

（一一五九～一一八九年）

【七溺《おぼ》れ八《はっ》艘《そう》飛び】

豆知識

八艘飛びでお馴染みの義経ですが、当時は正式な合戦のルールを無視して戦ったため、卑怯者と顰蹙《ひんしゅく》を買っていたそうです。非戦闘員である水夫を弓矢で狙って殺したり、背面から奇襲をかけたり、やりたい放題でした。八艘（発想）が飛んでいたのでしょうね。

22 源《みなもとの》頼《より》朝《とも》 一

（一一四七～一一九九年）

【暗証番号を１１９２にしたところ、拒否られる】

豆知識

※暗証番号は、生年月日や住所、電話番号、幕府創立年といった分かりやすい番号は避けるようにして下さい。
ちなみに頼朝の誕生日は１１４７年。イイヨナです。数年前に鎌倉幕府の開始を実質的な武家政権が樹立した１１８５年に変更するという動きが話題になり、イイクニという日本一有名な語呂合わせが消滅の危機に陥りました。

23

源《みなもとの》頼《より》朝《とも》（二）

（一一四七～一一九九年）

【落馬したのは、安全バーをちゃんとお腹まで降ろしていなかったから】

豆知識

頼朝の死因については諸説ありますが、最もよく知られたものが『吾妻鏡《あずまかがみ》』に記されている落馬です。武家の頭梁が馬から落ちて死んだというショッキングな出来事は、当時ワイドショーがあったら格好のネタになりそうです。

他に、脳卒中や糖尿病、暗殺などの説もありますが、いずれにせよあまり幸福な最期を迎えられなかったようです。

24

源《みなもとの》義《よし》経《つね》 二

（一一五九～一一八九年）

【「鵯《ひよどり》越《ごえ》の逆《さか》落《お》とし」で無事だったのは、安全バーをきちんとお腹まで降ろしていたから】

豆知識

義経の名を天下に轟かせることになった「鵯越の逆落とし」。一ノ谷の戦いで断崖絶壁から駆け下り、平氏の背後を突いて大勝利を収めました。義経は降りる前に、地元の案内人に鹿が降りれるかを確認し、「鹿がいけるなら馬も大丈夫」という謎理論で決行したそうです。部下はさぞかし迷惑したことでしょう。

25

御恩と奉公

【恩知らずや奉公漏れを防ぐため、ポイントシステムを導入】

豆知識

御恩と奉公とは、土地を仲立ちとした将軍と御家人の主従関係のこと。将軍は、御家人の土地の支配を保障し（本領安堵）、新たに土地を与えたりもしました（新恩給与）。これに対して御家人は、将軍のために戦ったり、京都や鎌倉の警備を行ったりして奉公に努めました。

ポイント制ではありませんでしたが、概念めいた言葉とは裏腹に、しっかりとした契約のもとに実施されていたようです。現代のブラック企業に爪の垢でも煎じて飲ませたいものですね。

26

琵《び》琶《わ》法《ほう》師《し》　一

【平家物語よりもＭＣに定評のある琵琶法師】

豆知識

平安時代の中期にデビューした盲人音楽家集団。琵琶を使った弾き語りで全国各地を周り、平家物語をはじめ数々のヒット曲を流行させました。ちなみに琵琶法師とは職業を指し、個人名ではありません。ＭＣに定評のあるアーチストといえば、現代では、さだまさし氏が有名です。

27 琵琶法師《びわほうし》（二）

【モノマネ王座決定戦！ ご本人登場に驚く、琵琶法師のモノマネタレント】

豆知識

戦国時代の知将「毛利元就」が率いていた忍者集団「座頭衆」は、盲人の忍者の集まりで、琵琶法師に化けて諸国を行脚し、諜報活動を行っていました。中でも琵琶法師《びわほうし》勝一《しょういち》は元就の策謀に加担した有能な忍者の一人として名を残しています。ちなみに、勝新太郎でお馴染みの「座頭市」は盲目の侠客《きょうかく》が主人公ですが、この「座頭」が由来です。

28

四《し》条《じょう》天《てん》皇《のう》

（一二三一～一二四二年）

【皇道と云うはいたずらと見付けたり】

豆知識

滑る石を置いて側近や女中を転ばせて楽しもうといういたずらを発案。滑り具合を入念にチェック中、盛大に転んで頭を強打し、そのままお隠れになった第87代天皇。12歳とはいえ、なかなかアレです。

29

清《せい》少《しょう》納《な》言《ごん》

（生没年不詳）

【人それぞれのいとをかし】

豆知識

枕草子で有名な女流作家。
出家して身を寄せていた兄の家が襲撃を受け、
その際に男と間違われて斬られそうになったため、
やむなく股間を見せて危険を回避した、
「いとをかし」なエピソードを持っています。

コラム

二

野生少納言

今様を血を吐きながら詠ってみた
登録タグ
梁塵秘抄
保元の乱
平治の乱
院政
今様

30

後《ご》白《しら》河《かわ》法《ほう》皇《おう》

（一一二七～一一九二年）

【詠《うた》ってみた】

豆知識

皇位継承と無縁だった若い頃に今様《いまよう》（その当時、庶民の間で流行っていた流行歌のようなもの）にハマり、詠いすぎて喉を3回潰したそうです。カラオケに例えるなら、マイクをなかなか離さないタイプのウザい法皇です。

31

二《に》条《じょう》天《てん》皇《のう》

（一一四三～一一六五年）

【天皇気分が抜けない】

豆知識

たまに学生気分が抜けない新入社員が「いつまでも学生気分じゃ……」と叱られていますが、それは法皇だって同じです。二条天皇は院政の代名詞、後白河法皇の息子ですが、法皇による院政を拒絶し、天皇親政派を形成して逆らい続けました。さすがは日本第一の大天狗と言われた後白河法皇の息子です。

32

島《しま》流《なが》し

【無計画島流し反対！】

豆知識

伝統的な島流し先としてお馴染みの壱岐《おき》。
特に西日本での犯罪者が多く流されました。
皇族の政治犯も多く流されたため、
壱岐の方言には京訛りの影響があるそうです。
また、壱岐島東部の八幡では、海女さんが
ウエットスーツではなくレオタードを着て
漁をする「レオタード漁」が有名ですが、
これも京都からの島流しの影響かもしれません。

33

楠《くすの》木《き》正《まさ》成《しげ》

（?～一三三六年）

【飛び道具】

豆知識

ゲリラ作戦でお馴染みの楠木正成。防城戦の際にうんこや石ころ、お湯などをぶっかけて戦いました。今も昔もうんこは人間の体内で作られる最強の武器の一つです。一方で、後醍醐天皇に最期まで付き従って命を落としたことから、幕末には、だいうんこう……、失礼、大楠公《だいなんこう》として勤皇志士たちから崇められました。

34

伊《だ》達《て》政《まさ》宗《むね》（初代）

（一三五三～一四〇五年）

【双眼竜政宗】

豆知識

伊達政宗といえば戦国時代の独眼竜が有名ですが、南北朝時代にも中興の祖と呼ばれるもう一人の伊達政宗が存在しました。こちらの方は両目がありましたので、言うなれば双眼竜。仙台に行くと独眼竜一色ですが、時代的にはこちらが元祖になるので、もう少しクローズアップして欲しいものです。

35

勘《かん》合《ごう》貿《ぼう》易《えき》

【ペア勘合符♡】

豆知識

勘合貿易とは、日本と明（当時の中国）との貿易のことで、勘合符と呼ばれる札を日本と明がそれぞれ持ち、互いが正式な貿易船であることを確認しました。勘合符はペアキーホルダーの元祖と言われているとかいないとか。

コラム 三

悩み多き頼朝

『検索ワード』

- 弟が言うことを聞きません
- 鬼嫁と義父
- 部下（御家人）に舐められて困っています
- 上司（天皇）との付き合い方
- 手綱の握り方
- 糖尿病とは？

コラム 四 重要文化財を現代に活かす②

興《こう》福《ふく》寺《じ》　木《もく》造《ぞう》金《こん》剛《ごう》力《りき》士《し》立《りゅう》像《ぞう》

一時停止の注意喚起に

スケボー禁止の注意喚起に

第二章

ビジネスに効かない日本史

〈戦国～江戸時代〉

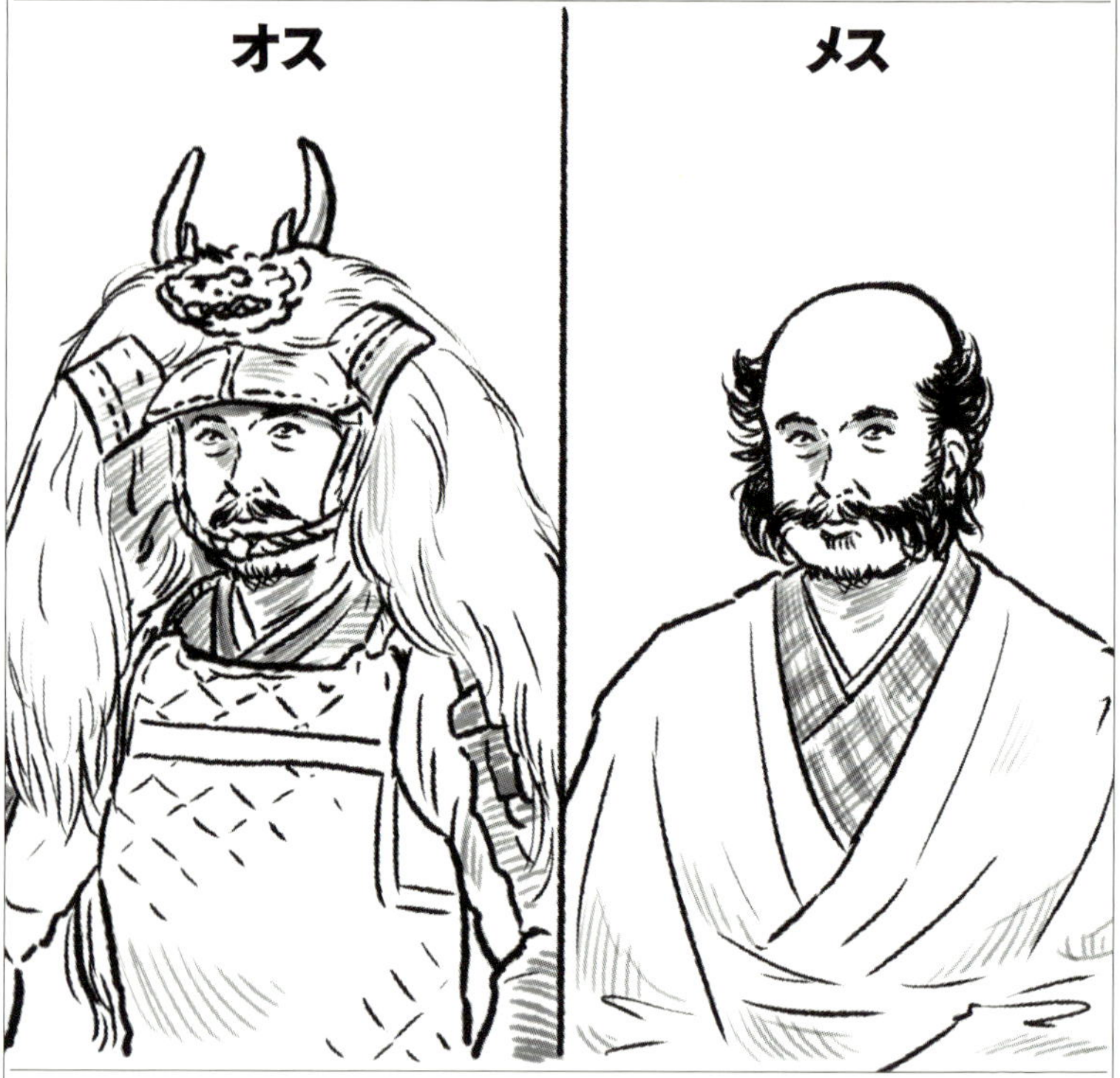

36

武《たけ》田《だ》信《しん》玄《げん》 ㊀

（一五二一～一五七三年）

【武田信玄のオスとメスの見分け方】

豆知識

ご存知、甲斐の虎でお馴染みの武田信玄。もともとは武《たけ》田《だ》晴《はる》信《のぶ》と名乗っていましたが、出家し、号して信玄となりました。つるっぱげ（メス）になったのはそのタイミングです。

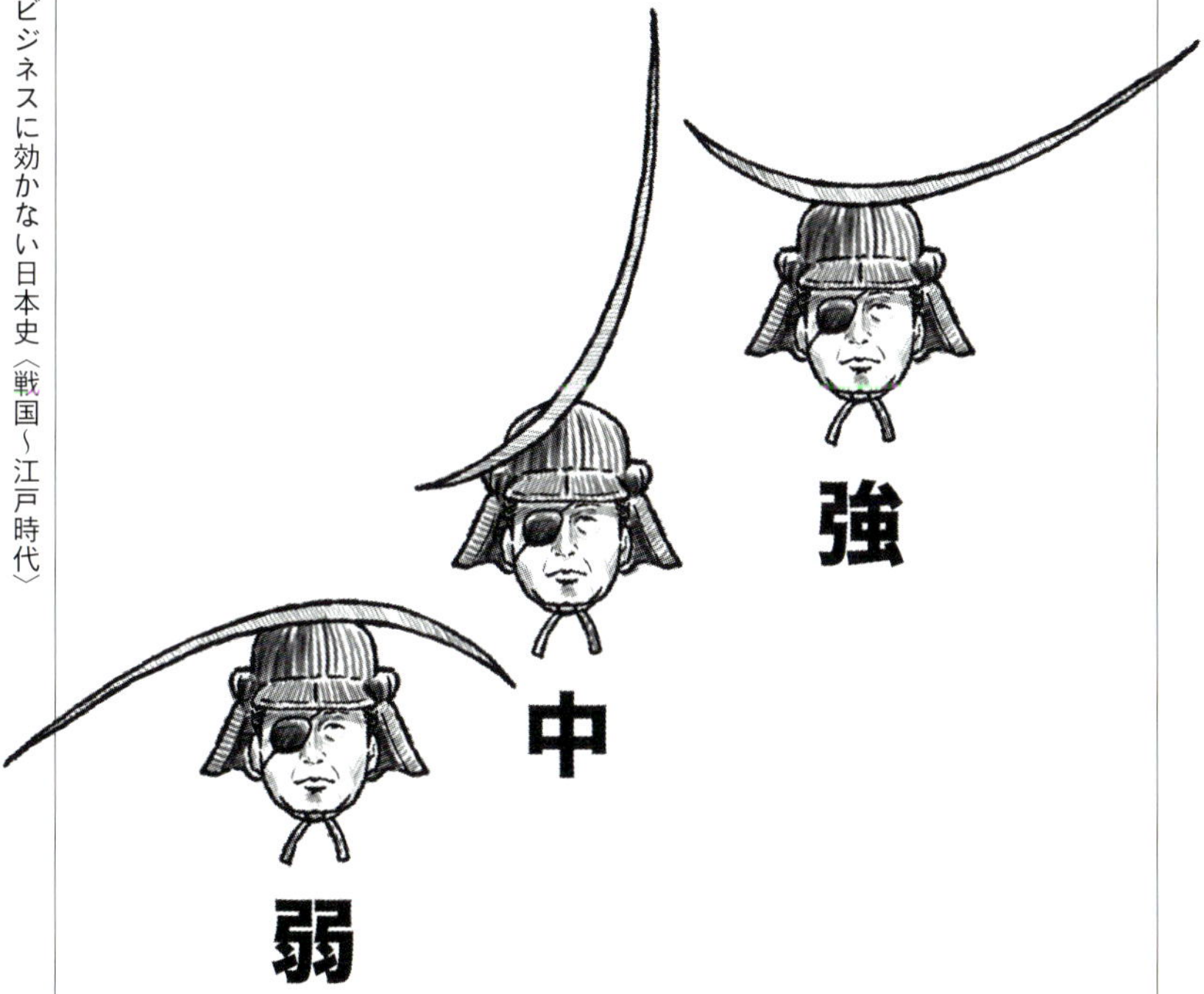

37

伊《だ》達《て》政《まさ》宗《むね》㊀

（一五六七～一六三六年）

【兜の前立ての角度から分かる伊達政宗のやる気】

豆知識

伊達政宗の前立て（兜の前面にある飾り）として有名な三日月。左右のバランスが大きく左に傾いているのは、右利きの政宗が太刀を振り上げた時に邪魔にならないようにという配慮からです。また、着脱式となっており、追いつめられた時に外してブーメランのように投げたというのは大嘘です。

38

長《なが》篠《しの》の戦《たたか》い

（一五七五年）

【坂崎・桜井・高見沢のローテーションで三段撃ち】

豆知識

信玄亡き後、武田家衰亡のきっかけとなった長篠の戦い。信長・家康連合軍は、武田の騎馬隊に対し、鉄砲隊を三段構えにして迎撃し、これを打ち破ったと言われていましたが、現在では否定されているようです。

また、坂崎隊が撃ち、桜井隊が準備、高見沢隊が弾込めし、「坂崎！　桜井！　高見沢！」の順番で発砲したという伝説も完全に否定されています。

39

延《えん》暦《りゃく》寺《じ》

【炎上なら、信頼と実績の延暦寺】

豆知識

比叡山は788年に最澄《さいちょう》によって開かれました。1571年、信長への敵対的行動を咎められ、全山焼き討ちという憂き目に遭いましたが、その後、秀吉や家康の尽力で再興され現在に至ります。再興でも、信頼と実績の延暦寺です。

40

武田信玄㈡

（一五二一～一五七三年）

【いつもキレイにお使いいただきかたじけない】

豆知識

戦国一、トイレが近かった武田信玄。

というのは大嘘ですが、日頃から用を足す以外にもトイレにこもり、軍略を練るなど中で仕事をすることが多かったそうです。

ちなみに、信玄はトイレのことを「山」と呼びました。

家臣からその理由を尋ねられると「山には常に、草木（臭き）が絶えぬから」と答えたそうです。

一応、臭いとは認識していたようです。

41
早馬《はやうま》【おっぱいの感触】

豆知識

昔、自動車の窓から手を出すと、おっぱいを触ったときの感触に似ている、というバカバカしい噂が日本中の中高生のあいだで流行りましたが、戦国時代だって流行ったに決まっています。

42

濃《のう》姫《ひめ》

（生没年不詳）

【ソース顔でない ここに落胆】

豆知識

濃姫の「濃」は、道三の直轄地である「美濃」から取られています。濃姫については、道三が「うつけ」と言われていた信長の才能に気付いた結婚時のエピソードが有名ですが、その後についてはほとんど分かっていません。信長の嫁にしては「薄い」印象です。

43
本能寺《ほんのうじ》の変《へん》
（一五八二年）

【本能寺の変、ドッキリ説】

豆知識
日本史最大のミステリーの一つ、本能寺の変。明智光秀がなぜ信長に反旗を翻したのか、本当の理由は未だ謎のままですが、もしドッキリだったとしたら、目も当てられませんね。

44

伊達政宗と片《かた》倉《くら》景《かげ》綱《つな》

（一五六七〜一六三六年）／（一五五七〜一六一五年）

【仙台のナイスカップル1】

豆知識

政宗の懐刀として有名な片倉景綱。疱瘡で病んだ政宗の右目をえぐり取ってしまったことでも有名です。政宗に子供がいないのに、先に子供が出来てしまったことを気に病んで自分の子供を殺そうとしたこともありました。主従の結びつきの強さを伝えるエピソードに事欠かない、ややエグいカップルです。

45

伊達政宗（二）

（一五六七～一六三六年）

【お気に入りの眼帯にカレーうどんがハネないように、手で抑えて食べる】

豆知識

伊達政宗の特徴といえば、眼帯姿を思い浮かべる人も多いと思いますが、彼が実際に眼帯をしていたことを示す資料はありません。残された肖像画にも政宗の遺言で両目があるものしか描かれておらず、後世の人の捏造の可能性も大いにあるようです。まあ、かっこいいですからね、眼帯。

46

千《せんの》利《り》休《きゅう》 一

（一五二二〜一五九一年）

【意外と侘《わび》の定義が広い】

豆知識

わび茶を完成させた茶人で、茶聖と呼ばれています。なんでも「聖」つければいいってもんでも無い気がしますが。一説によると「わび」の概念がややこしくて、派手で解りやすいものを好んだ秀吉と衝突し、お茶の方向性の違いで殺されたとも言われています。

47

フランシスコ・ザビエル

（一五〇六〜一五五二年）

【当時は新興宗教】

豆知識

キリスト教と個性的なヘアースタイル布教のために来日した宣教師。彼のおかげで、我々日本人は、後頭部ハゲの適切なニックネームを手に入れることができました。2年ほどで日本を離れ、引き継ぎのコスメ・デ・トーレスが18年に渡って布教活動を行うも、圧倒的な知名度の低さです。富士山の次に高い山が「北岳」だと知る人はあまりいません。トーレスにも似たような悲哀を感じます。

48

伊達政宗と片倉景綱

（一五六七〜一六三六年）／（一五五七〜一六一五年）

【仙台のナイスカップル2】

豆知識

「小十郎」は景綱の通称です。絶対、忘れないような場所に括りつけてあるところを見るとこれは完全にボケですね。切れ味はまったくありませんが。

49

大《おお》谷《たに》吉《よし》継《つぐ》 一

（一五五九～一六〇〇年）

【合戦にも色々あるから】

豆知識

大谷吉継は病気の影響で顔が崩れてしまい、人前では白い布を巻いていたそうです。ハンデキャップとはいえ、伊達政宗の眼帯同様、この手の特徴は人から好まれる傾向があり、現代でも腐……じゃなくて歴女の方から絶大な支持を受けています。いわんや当時をや。

50 大谷吉継と石田三成

（一五五九〜一六〇〇年）／（一五六〇〜一六〇〇年）

【友情出陣】

豆知識

秀吉の小姓から様々な軍功を立てて大名に成り上がり、最期は石田三成との友情に殉じて、関ヶ原に散りました。友情出演ならぬ友情出陣ってやつですね。

51

伊達政宗と片倉景綱

（一五六七～一六三六年）／（一五五七～一六一五年）

【本気の「いないいないばあ」】

豆知識

子供の頃の政宗は、隻眼《せきがん》を気に病み、内向的な少年でした。さらに、実母・義姫《よしひめ》から疎《うと》んじられ、溺愛していた弟の小次郎に家督を継がせるために、毒殺されかけたことは有名です。その後は片倉景綱のスパルタ教育のお陰で奥州の覇者に登りつめますが、毒殺疑惑が原因で険悪だった母との関係も徐々に修復され、晩年、老いた母親のために保養所を建てるなど優しい一面を見せています。

よしなさい。
にらめっこしましょ笑うと負けよ♪

よせって。
布の中身はなんだろな?

52

法《ほ》螺《ら》貝《がい》 一

【合戦の前日に前乗りして、法螺貝のチューニング】

豆知識

合戦の合図や戦意高揚のために用いられた楽器の一種です。その歴史は古く、日本では平安時代での使用が確認され、現代でも故忌野清志郎氏がライブで吹いていたことが有名です。もちろん前日入りして念入りにチューニングを行っていたでしょう。法螺貝も神速を尊びますから。

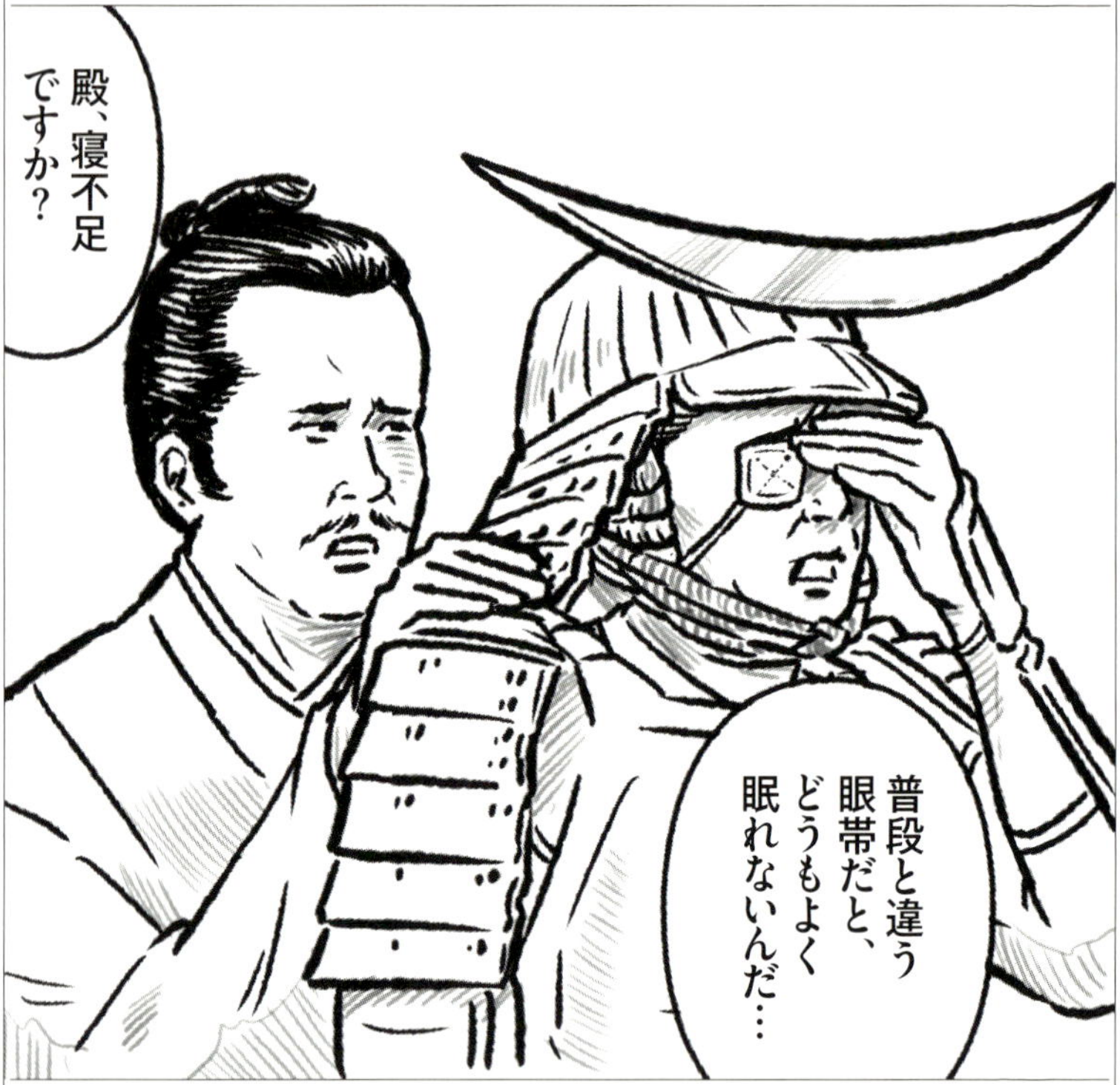

53

伊達政宗と片倉景綱

（一五六七〜一六三六年）／（一五五七〜一六一五年）

【仙台のナイスカップル3】

豆知識

枕が変わると眠れないという話はよく聞きますので、眼帯でも起こり得るとは思います。ただ、外して寝る、という選択肢はなかったのでしょうか。

上杉謙信は、右手を愛しています。
世界中の誰よりも。

54

上《う》杉《すぎ》謙《けん》信《しん》 一

（一五三〇〜一五七八年）

【あだち風、生涯不犯の誓い】

豆知識

上杉謙信は戦いの神、毘沙門天の生まれ変わりと称して生涯《しょうがい》不《ふ》犯《ほん》（女性と性行為をしない）の誓いを貫き、妻や側室を持ちませんでした。これが謙信女性説を生む一つの要因となりました。ただ、童貞という訳ではなく、若い頃はそれなりにやんちゃだったようですが。

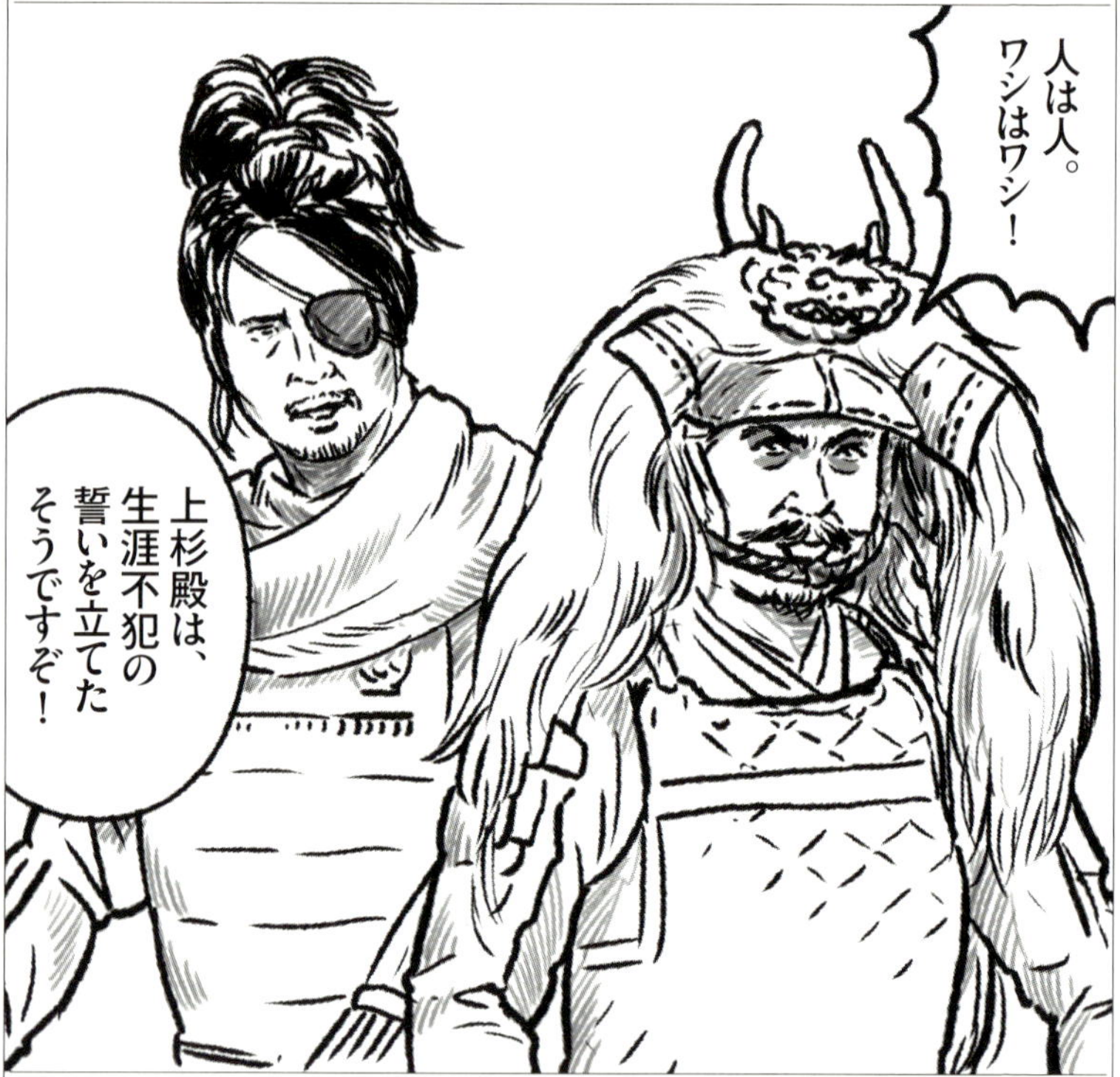

55

武田信玄 三

（一五二一〜一五七三年）

【人は城、人は石垣、人は堀、人は人】

豆知識

謙信のライバルの信玄ですが、女性関係はもちろん男性関係も豊富でした。側近の高坂昌信と信玄は衆道の関係で、信玄が別の小姓に手を出したことに腹を立てた高坂への弁明に、「断じてやってません（性交を）」という弁明状を送っています。いい甲斐の虎が何をしているのでしょうか。

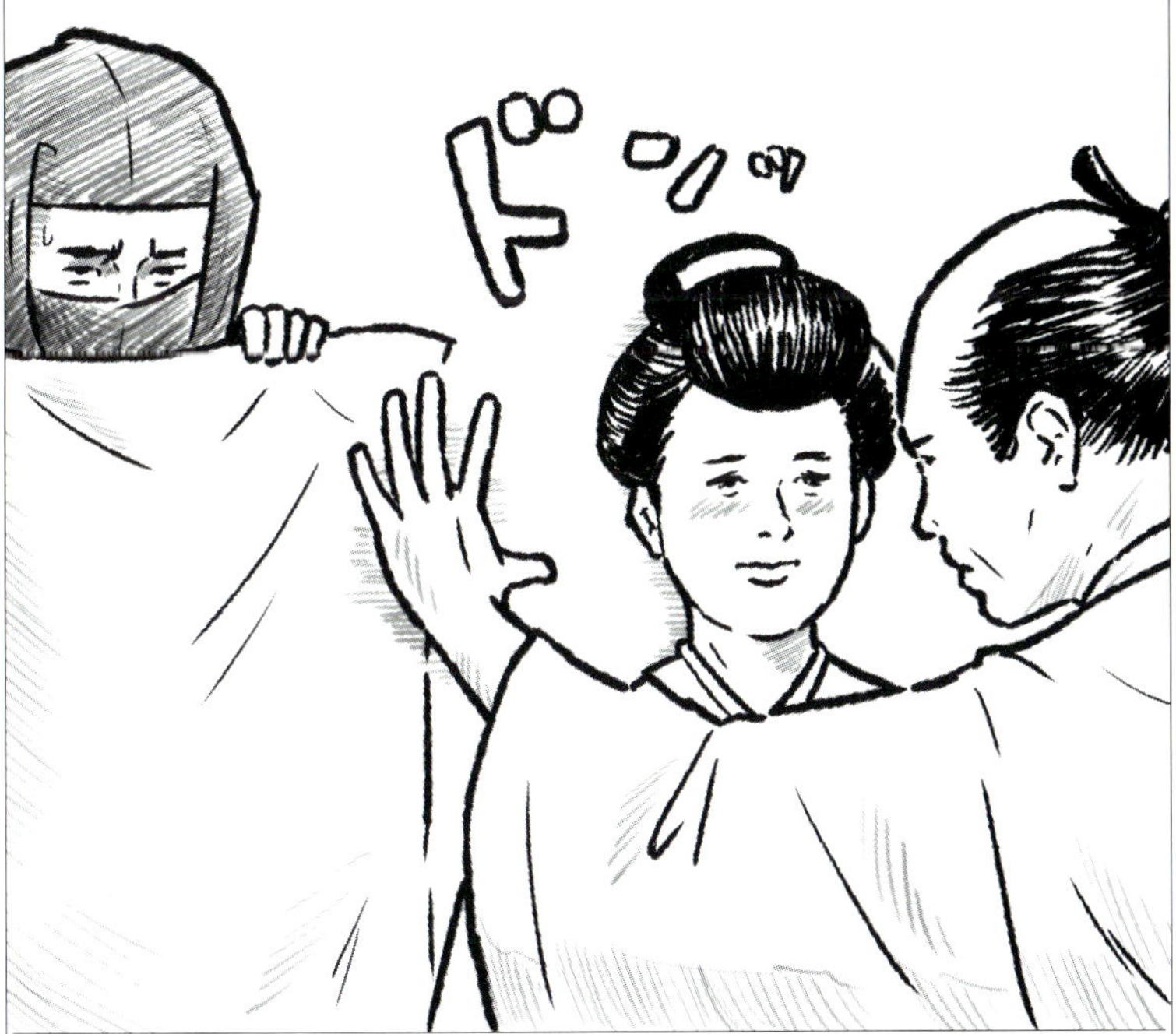

56

服部《はっとり》半《はん》蔵《ぞう》 一

（生没年不詳）

【隠《かく》れ身《み》の術中に、壁ドン】

豆知識

戦国～江戸時代にかけて徳川家に仕えた日本一有名な忍者。半蔵は服部家の歴代当主が襲名する通り名で、最も有名な半蔵は2代目です。忍者であったのは初代のみで、以降は忍者を束ねる普通の武将でした。子孫に藤子不二雄でお馴染みの服部貫蔵がいます。

57

服部半蔵（二）

（生没年不詳）

【土《ど》遁《とん》の術中に、床ドン】

豆知識

本能寺の変の際に、堺見物で大坂に滞在していた家康は配下をほとんど連れておらず、明智光秀の格好のターゲットとなったことから、一刻も早く三河に帰る必要がありました。伊賀の山を越える最短ルートを選択しますが、信長が行った天正伊賀の乱による虐殺で、同盟者であった家康も大いに恨みを買っている可能性があり、危険この上ありません。そこで、父親が伊賀忍者であった血縁を活かして、伊賀越えの安全を確保したのが2代目服部半蔵です。江戸城にある半蔵門の名前は、この服部半蔵が由来と言われています。

58

明《あけ》智《ち》光《みつ》秀《ひで》

（一五二八～一五八二年）

【放火魔が必ず現場に戻る的な感じで、野次馬に混じって本能寺を見つめる明智光秀】

豆知識

一説によると、明智光秀は信長の過度なプレッシャーによってノイローゼ状態になり、本能寺の変を起こしたと言われています。放火魔は火を見ると落ち着くため、火事の現場に必ず戻ると言われていますが、いわんや明智光秀をや。

59

法螺貝 二

【合戦の合間を法螺貝のソロでつなぐ】

豆知識

命のやり取りの最中の合間をつなぐのですから、相当なグループ感を醸し出していたに違いありません。肺が破れなかったか心配です。

60

大谷吉継 ❷

（一五五九～一六〇〇年）

【あら、どうも……って石田三成か！】

豆知識

石田三成と大谷吉継の友情を伝える茶会での有名なエピソード。諸侯を集めた茶会にて、茶碗に入ったお茶を一口ずつ回し飲みする際に、吉継はうっかり顔の膿を茶碗に落としてしまいます。ただでさえ病に冒された吉継の後に飲むのは嫌がられていたため、皆、飲むフリをして回していました。そんな中、石田三成だけは意にも介さず膿ごと飲み干したため、吉継がとても感激したと言われています。

61

本《ほん》能《のう》寺《じ》の変《へん》

（一五八二年）

【信長のしゃっくりを止めようとしたのが、「本能寺の変」の真相】

豆知識

あんな大仕掛をしなければいけなかったなんて、さぞかし、しつこいしゃっくりに悩まされていたのでしょうね。

ちなみに「驚かせてしゃっくりを止める」というのは、2000年以上前に書かれた中国最古の医書『霊枢』にも記され、教養人であった明智光秀がこれを参考にして本能寺を攻めてみたのかもしれません。

62 賤《しず》ヶ《が》岳《たけ》の七《しち》本《ほん》槍《やり》

【ウェイティングリストに「加藤　7名」と書いて、順番を待つ賤ヶ岳の七本槍】

豆知識

賤ヶ岳の七本鎗は、1583年に行われた羽柴秀吉と柴田勝家との合戦で活躍した秀吉の配下、加藤清正、福島正則、加藤嘉明、脇坂安治、平野長泰、糟屋武則、片桐且元の7人です。残念ながらあまり仲良くなかったそうですので、会食も盛り上がらなかったでしょう。

・折る人の筋力
・矢の素材
などを考慮し
最大3~1本の矢

63

毛《もう》利《り》元《もと》就《なり》

（一四九七〜一五七一年）

【ベストエフォート型による三矢の教え】

豆知識

戦国一の知恵者との呼び声高い毛利元就。コーエーテクモの『信長の野望』シリーズでも常に智謀は1〜2位です。有名な3本の矢のエピソードは後世に作られたものですが、もし元就だったら、これくらい正確に伝えた可能性があります。なんせ知恵者ですから。

64

豊《とよ》臣《とみ》秀《ひで》吉《よし》

（一五三七〜一五九八年）

【誠意大将軍】

豆知識

秀吉が征夷大将軍にならなかった（なれなかった）理由には諸説あります。出自が悪いため（農民出身なのはご存知ですね）断られたとか、関白の方のハードルが高いためむしろ望んで断ったなど、様々です。ちなみに、初代の征夷大将軍は大伴弟麻呂《おおとものおとまろ》で、初代誠意大将軍は羽賀研二《はがけんじ》氏です。試験に出るので覚えておきましょう。

65

大谷吉継 三

（一五五九〜一六〇〇年）

【関ヶ原の合戦の頃に社会問題となった「大谷大谷詐欺」】

豆知識

まさか「めくってみろ」とも言えないので、さぞかし困ったことでしょうね。

66

墨《すの》俣《また》一《いち》夜《や》城《じょう》

（一五六六年）

【完成まで1年掛かる、デアゴスティーニから創刊された墨俣一夜城】

豆知識

創刊号は城郭縄張り図付きの特別価格599円です！

美濃の斉藤攻めの際、拠点となった墨俣に一夜にして城を築き、秀吉の立身出世の足掛りとなった、というのが墨俣一夜城のあらましですが、城と呼べるほど立派なものではなかったという説も。

67

姥《うば》捨《す》て山《やま》

【姥捨てしようと、山に登るもなかなか思いきれず、そのまま一緒にエベレスト制覇】

豆知識

映画『楢山節考《ならやまぶしこう》』でお馴染みの姥捨て山ですが、実際に行われていたかはともかく、『大和物語』や『今昔物語集』にも登場するなど、その歴史は非常に古いです。

棄老伝説と呼ばれ、インドの仏教説話が元になっており、日本以外にも世界各地で同様の伝説が残っています。

年金がもらえないどころの騒ぎじゃありませんね。

68

今《いま》川《がわ》義《よし》元《もと》

（一五一九〜一五六〇年）

【桶狭間の戦いで敗れたのは、「かもしれない行軍」を怠ったから】

豆知識

守護大名の名門、今川氏の11代当主。「海道一の弓取り」と恐れられ、今川家を戦国一の有力大名にのし上げましたが、桶狭間の合戦で敗れて日本一有名な敗軍の将に。

息子の氏真は、蹴鞠一筋のスポーツマンで、「海道一のファンタジスタ」と呼ばれ、サッカー王国静岡県の礎になったとか、全くなっていないとか。尚、海道とは東海道を指し、「海道一の弓取り」は、その後、徳川家康の異名となりました。

え〜、諸侯が
静かになるまで、
内府《ないふ》、
約１２０年
待ちました。

69

徳《とく》川《がわ》家《いえ》康《やす》 一

（一五四二〜一六一六年）

【先生？】

豆知識

内府とは内大臣の別名で、家康は内府様と呼ばれていました。戦国時代の始期については諸説ありますが、一般的に１４８０〜９０年前後とされることが多いようです。江戸幕府を開く１６００年まで随分と時間が掛かりましたね。

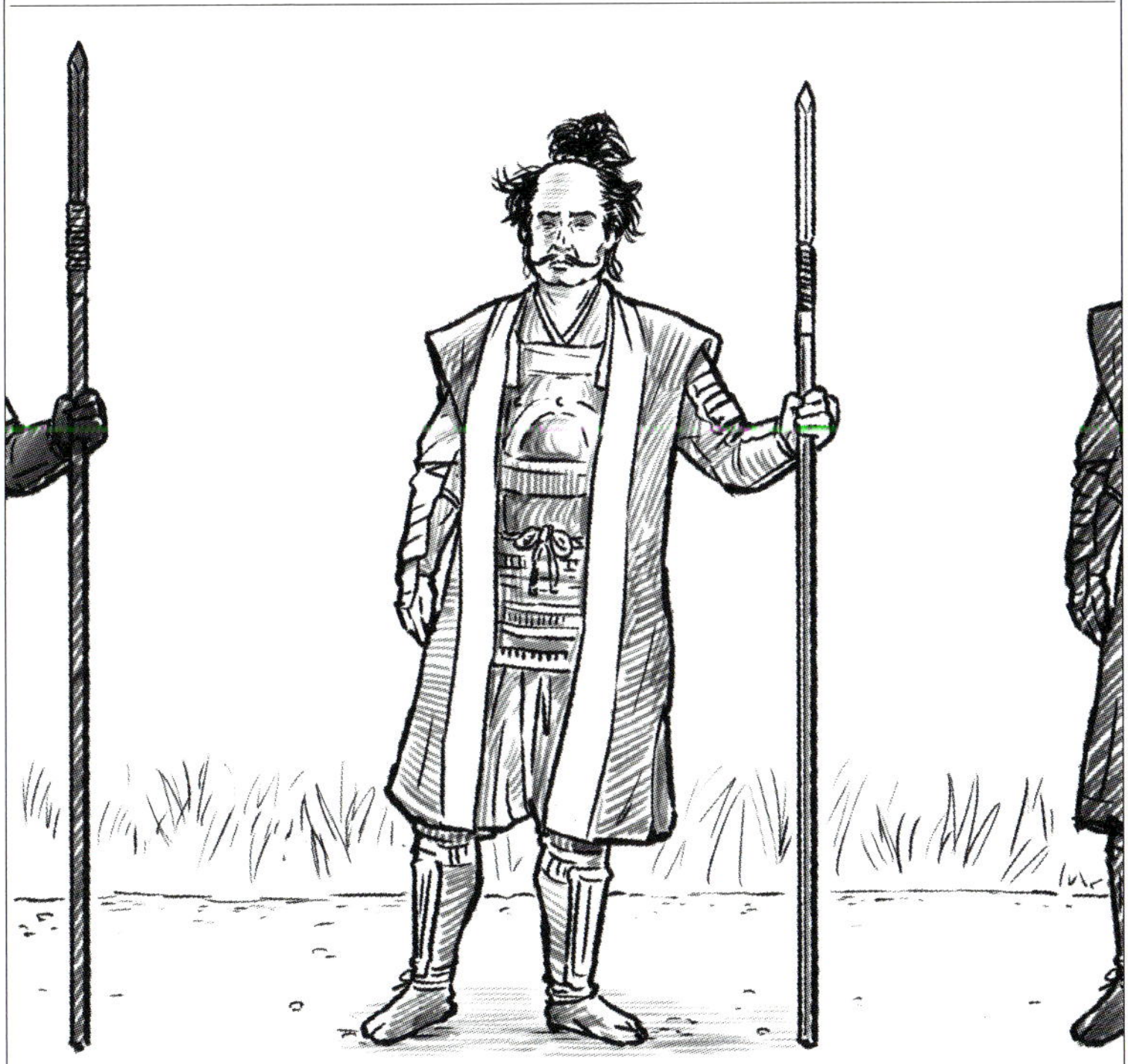

70

福《ふく》島《しま》正《まさ》則《のり》

（一五六一～一六二四年）

【賤《しず》ヶ《が》岳《たけ》の七本槍で二人組を組ませると、毎回余るのが福島正則】

豆知識

福島正則は勇猛果敢で数々の武功を立てた一方で、酒癖が悪く乱暴狼藉にまつわる逸話に事欠きません。余っちゃうのも仕方ありませんね。ちなみに二人組になって準備体操とかするのであれば、身長が１９０ｃｍあった加藤清正も敬遠されそうです。当時の平均身長は１５０ｃｍ台ですから、確実に潰されます。

71

千利休（二）

（一五二二〜一五九一年）

【千利休監修の自動販売機】

豆知識

「〜」と、伸ばす意味がさっぱりわかりませんが、深遠なる「わび茶」の領域ですから素人が迂闊なことは申し上げられません。

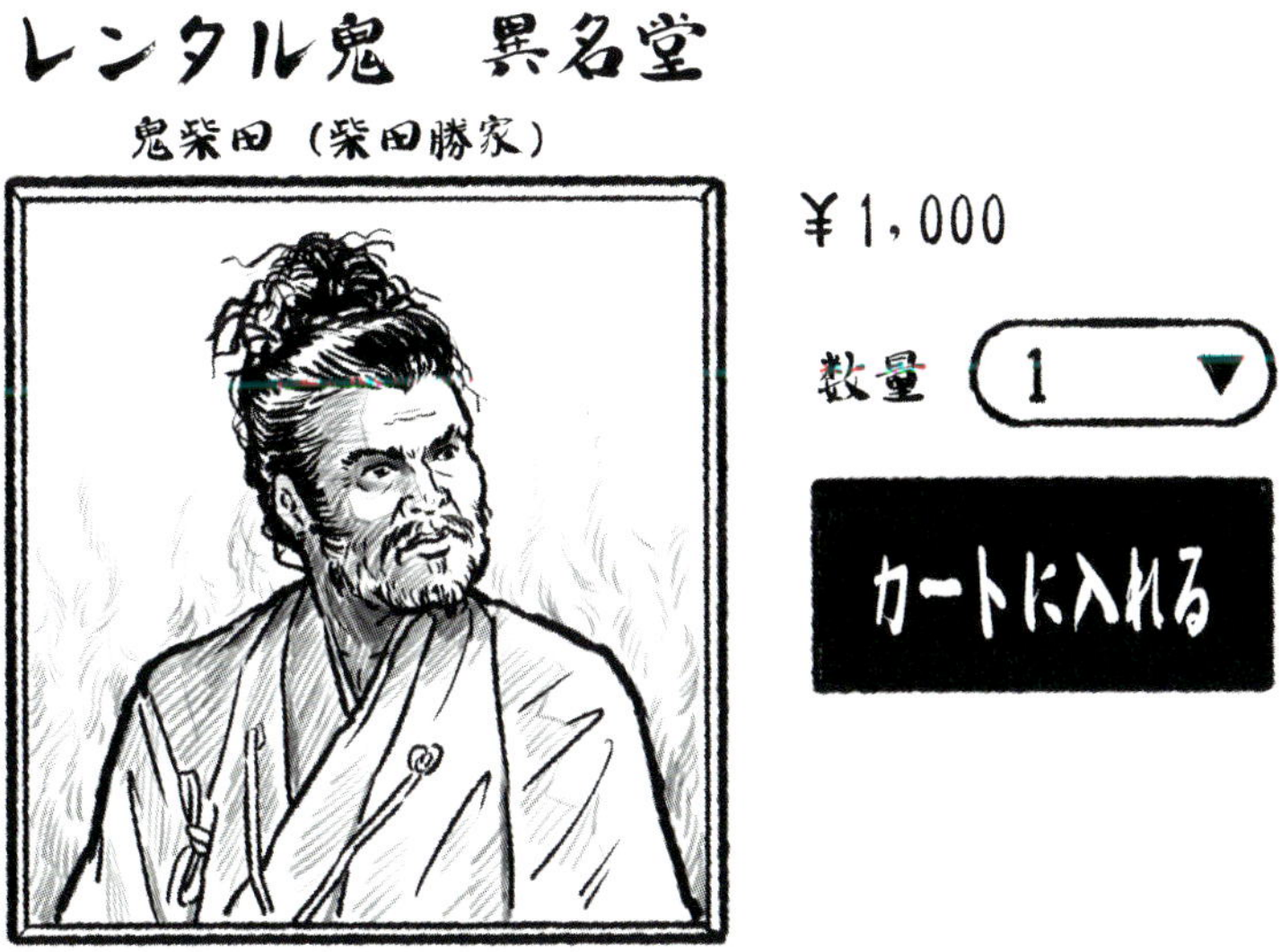
レンタル鬼　異名堂
鬼柴田（柴田勝家）
¥1,000
数量　1 ▼
カートに入れる

72

鬼《おに》の異《い》名《みょう》

【この商品を購入した人はこんな商品もチェックしています】

豆知識

鬼武蔵（森長可）鬼の半蔵（服部半蔵）鬼美濃（原虎胤）赤鬼（井伊直政）青鬼（籾井《もみい》教業《のりなり》）鬼石曼子《グイシーマンズ》（島津義弘）鬼義重（佐竹義重）鬼若子（長宗我部元親）鬼十河（十河《そごう》一存《かずまさ》）鬼の小十郎（片倉小十郎）鬼玄蕃（佐久間盛政）鬼五郎左（丹羽長秀）鬼道雪（立花道雪）鬼作左（本多重次）

コラム 六

鬼以外の異名

謀聖《ぼうせい》……尼子経久
剣聖……上泉信綱
剣豪将軍……足利義輝
橙《だいだい》武者《むしゃ》……薄田《すすきだ》兼相《かねすけ》
八咫烏《やたがらす》……鈴木（雑賀）孫一
野の虎……長宗我部国親
武田の猛牛……秋山信友
東国無双……本多忠勝
西国無双……立花宗茂
北の巨人……南部晴政
鈴なり武者……仙石秀久
江戸の黒豹……杉良太郎

海道一の弓取り……今川義元
雷神……立花道雪
黒衣の宰相……南光坊天海
仏の茂助……堀尾吉晴
貧乏姫……足利氏姫
夜叉九郎《やしゃくろう》……戸沢盛安
不死身の分隊長……舩坂弘
上州の黄斑《トラ》……長野業正
攻め弾正……真田幸隆
逃げ弾正……高坂昌信
爆弾正……松永久秀
若大将……加山雄三

73

法《ほ》螺《ら》貝《がい》　三

「ホタルの光」が聞こえたら、その日は合戦終了

豆知識

拡声器やマイクなどない当時は、合戦の喧騒の中で部隊を統率するために、法螺貝以外に、陣鐘《じんしょう》や背負い太鼓など様々な楽器が用いられました。通常は戦の前に用意していくのですが、途中で寺社の鰐口《わにぐち》や、梵鐘《ぼんしょう》などを略奪して使うケースもあったようです。ひょっとしたら木魚や仏鈴《おりん》なども使われたかもしれませんが、随分辛気臭い合戦になりそうです。

74

直《なお》江《え》兼《かね》続《つぐ》

（一五六〇～一六一九年）

【上部がデリケートでよく折れて無くなるので、スペアパーツを常にたくさん用意】

豆知識

直江兼続は子供の頃に謙信から才能を見初められ、養子景勝の近侍として仕えました。有名な前立ての「愛」は、所謂「愛情」の「愛」ではありません。諸説ありますが、必勝祈願をした愛宕神社《あたごじんじゃ》の「愛」とか、主君景勝の兜に刻まれた「愛染明王《あいぜんみょうおう》」に関係しているなど、戦にまつわる血なまぐさい説が有力です。

75

武田信玄 四

（一五二一〜一五七三年）

【武田信玄オスメス鑑定師】

豆知識

資格が必要なほど、雌雄の区別が困難とも思えないのですが。

76

武田信玄 五

（一五二一〜一五七三年）

【元卓球部？】

豆知識

間一髪、「火事場の馬鹿力」で防いだわりにはあまり力の入らなそうな持ち方です。シェイクハンドではなく、ペンということは、フォアの攻撃を重視していたのでしょうか。龍虎一騎討ち像でお馴染みのこちらのシーンは第四次川中島の戦いで、上杉・武田ともに多数の死傷者を出し、一説によると戦国最大の死傷者を出した戦いと言われています。一騎討ちについては後世の創作というのが専らの噂です。

77

前《まえ》田《だ》利《とし》益《ます》 一

（生没年不詳）

【行軍中にたまたま自宅近辺を通って騒ぎ出す傾奇者】

豆知識

前田利益は原哲夫氏の漫画『花の慶次』で一躍有名となり、現代で傾奇者《かぶきもの》と言えば真っ先に名前が上がる存在に。

前田利家の甥で、通称は前田慶次《けいじ》といい、慶次以外に、穀蔵院《こくぞういん》飄戸斎《ひょっとさい》や龍《りゅう》砕軒《さいけん》不便斎《ふべんさい》などとも名乗っていますので、そこんとこ夜露死苦《よろしく》!

78

千利休 三

（一五二二～一五九一年）

【北半球では「わび」だけど、南半球では「さび」】

豆知識

千利休は文化人でしたが、身長が180cmほどあり、乱暴狼藉の荒武者でお馴染みの福島正則が対面したときに「びびった」という話は有名です。裏千、いえ、裏番だったのかもしれません。

79

島《しま》清《きよ》興《おき》

（？～一六〇〇年）

【島耕作シリーズにおける新境地「先祖 島左近」】

豆知識

「治部少（石田三成のこと）に過ぎたるものが二つあり 島の左近と佐和山の城」でお馴染みの島清興。島左近の通称が有名です。ちなみに、課長から会長まで華麗なる出世を遂げた島耕作ですが、ヤング島耕作、係長島耕作、学生島耕作と、徐々に時間を遡らせる感じで新作が登場していいます。最後は先祖しかないでしょう。

80

羽柴秀吉

（一五三六〜一五九八年）

【秀吉が中国大返しできたのは、下じゃなくて上で行ったから】

豆知識

本能寺の変で信長が明智光秀に討たれた後に、中国の毛利攻めを担当していた秀吉は電光石火で京都に戻って光秀を打ち倒したわけですが、その軍団大移動が非常に素早かったことから「中国大返し」と呼ばれるようになりました。間違いなく山陽自動車道を使ってます。

81

千利休 四

（一五二二〜一五九一年）

【給水庵】

豆知識

千利休は文化人でありながら、切腹を命じられて武士のような最期を遂げます。豊臣家の茶頭筆頭を務める一方で、秀吉の実弟・秀長の後ろ盾とともに、豊臣政権での政治権力を獲得していきました。九州で勢力を拡大していた島津氏を抑えこむために、大友宗麟が秀吉に助力を求めた際も、「内輪の相談事は利休に、公の相談事は秀長に」と語ったほど信頼されていました。ところが政治的権力に加えて、茶湯の師匠として豊臣家の武将に強い影響力を持ったことが災いしたのか次第に秀吉から恐れられ、秀長の死後わずか一ヶ月で切腹を命じられています。

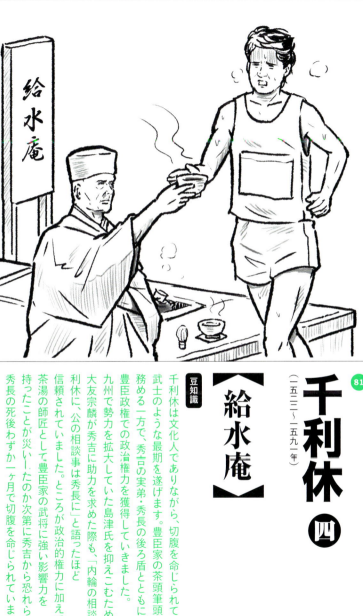

82

徳川家康（二）

（一五四二〜一六一六年）

【家康の怒りのグループが小早川秀秋を動かす！】

豆知識

ベストオブ優柔不断としてお馴染みの小早川秀秋《こばやかわひであき》。
関が原の戦い前に、西軍の石田三成を裏切って
徳川方につくことを約束したにも関わらず、
合戦が始まっても一向に動かなかったため、
家康に鉄砲を打ち込まれて
ようやく西軍に攻め込みました。
鶴の一声ならぬ一打ちですね。

83

伊達政宗（三）

（一五六七～一六三六年）

【眼帯も大きく撮られるプリクラ】

豆知識

「馬上少年過ぐ」とは、伊達政宗が晩年の述懐を詠んだ詩です。戦場で馬を馳せた若かりし頃を懐かしみつつ、晩年をのんびりと楽しんでいます。一方でこんな詩を書きながら、徳川の世になった後も、スキあらば幕府転覆を狙い続けていました。

支倉常長《はせくらつねなが》による慶長遣欧使節は超大国スペインとの同盟交渉が目的で、当時の国王に「同意があればすぐにでも幕府を倒して日本の支配者となる」旨を伝えています。最終的に交渉は不調に終わりましたが、最後まで野望を捨てずにいたようです。

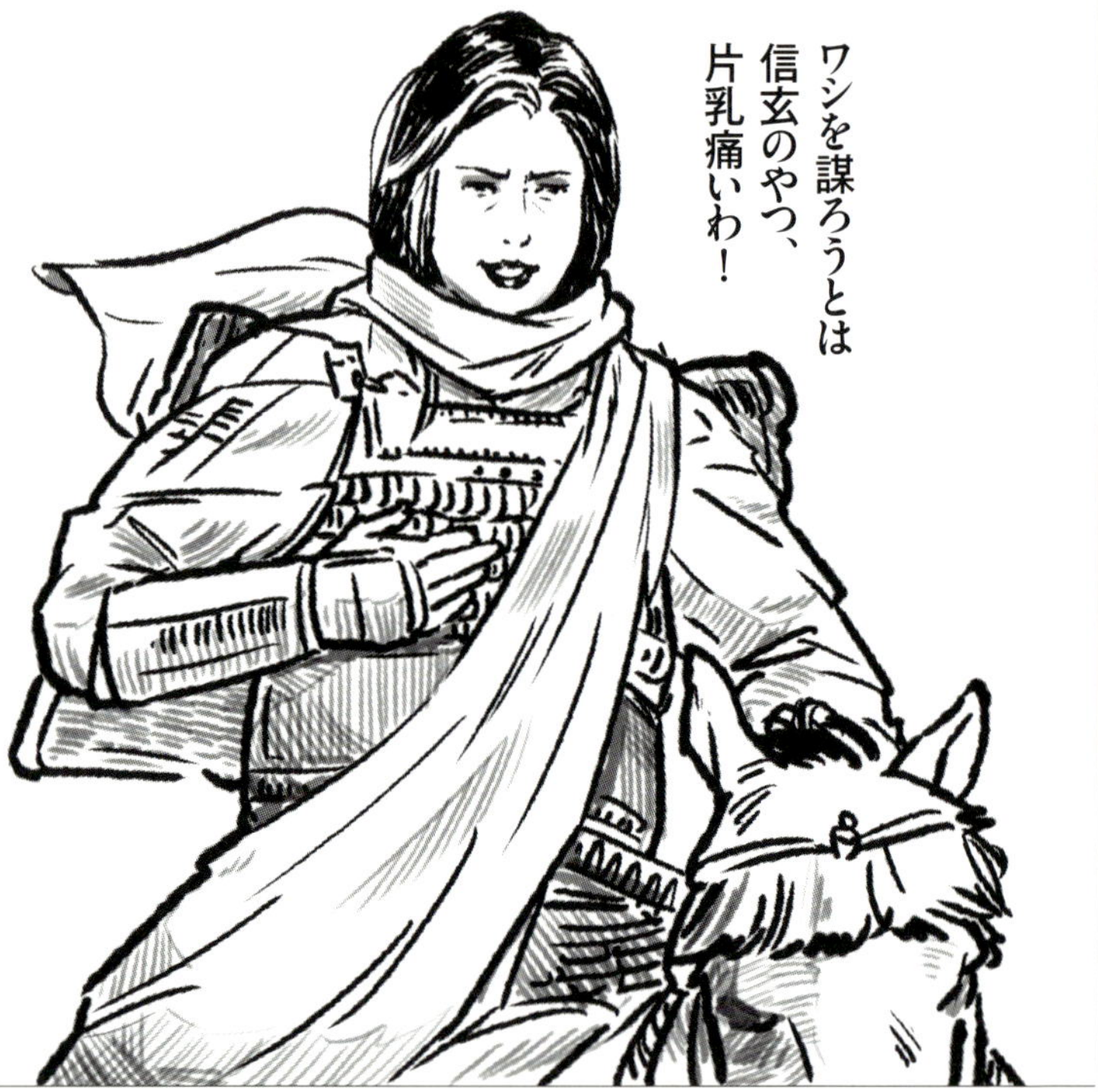
ワシを謀ろうとは
信玄のやつ、
片乳痛いわ！

84

上杉謙信㈡

（一五三〇～一五七八年）

【うっかり見せる女性の片鱗《へんりん》】

豆知識

上杉謙信は女性に対しては「生涯不犯」であったものの、当時の高級武士の嗜みとして男色趣味はあり、小姓には美少年を揃えていました。北条氏康との同盟成立の際、氏康の実子「三郎」を貰い、聡明で美少年の彼を、自身の元服時に名乗った「景虎」の名を与え、養子として厚遇しました。ところが、彼とは別に実姉の次男「景勝」も養子に迎えていたため、家督相続の遺言も残さず突然死したことから、お家騒動の原因を作ってしまいます。男色趣味が生んだ珍しい悲劇です。

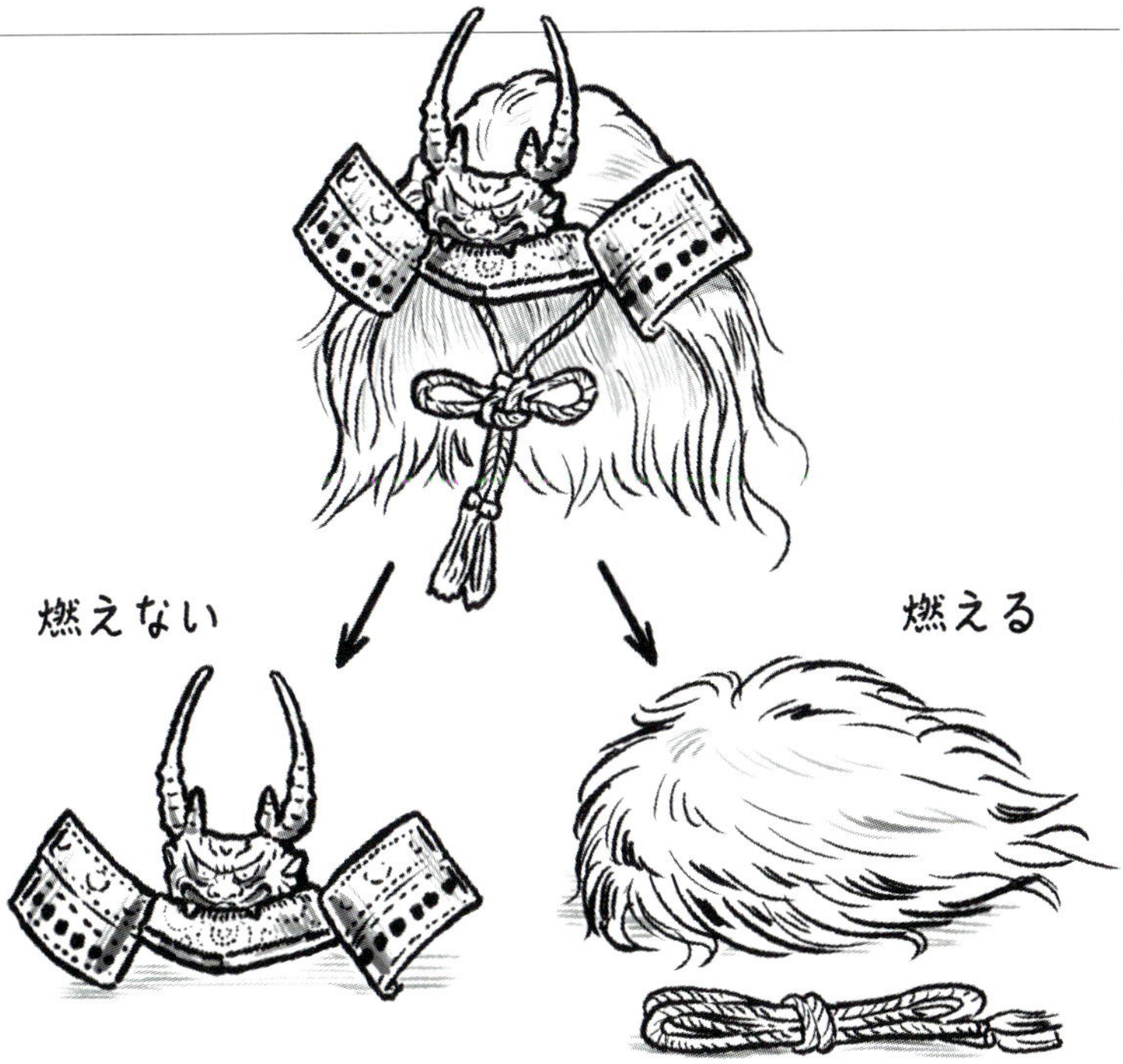

85

武田信玄 ⑥

（一五二一～一五七三年）

【タテガミは燃えるゴミ、兜は燃えないゴミ】

豆知識

信玄は、内政面での活躍も大きい武将です。最晩年に京を目指しますが、生涯のほとんどを信濃制圧に費やしました。ゴミの分別回収こそやっていませんが、信玄堤を代表とする治水事業や検知、新田開発、交通網の整理など領国経営に力を発揮し、名君と慕われていました。また、三ツ者と呼ばれる隠密集団を組織し、庶民に扮装させて諸国を行脚させ、全国に情報網を張り巡らせました。このため、「足長坊主」と渾名されていたそうですが、実際に身寄りの無い少女に英才教育を施し、スパイ活動などもさせていました。

86

宮《みや》本《もと》武《む》蔵《さし》

（一五八四～一六四五年）

【髭剃りみたいな二刀流の構え】

豆知識

二天一流の開祖で、吉川英治による小説のヒットで一躍人気者になりましたが、それまでは単なる剣豪の一人でした。吉川が小説を書くきっかけとなったのが、直木三十五と菊池寛による「宮本武蔵論争」です。武蔵が強かったか弱かったのかで流行作家が大論争したことで話題を呼び、それが吉川英治にも飛び火して、武蔵強者説の内容での小説を書くことになりました。宮本武蔵の逸話についてはこの小説が題材となっているケースが多いのですが、ほとんどが創作であるという説も。

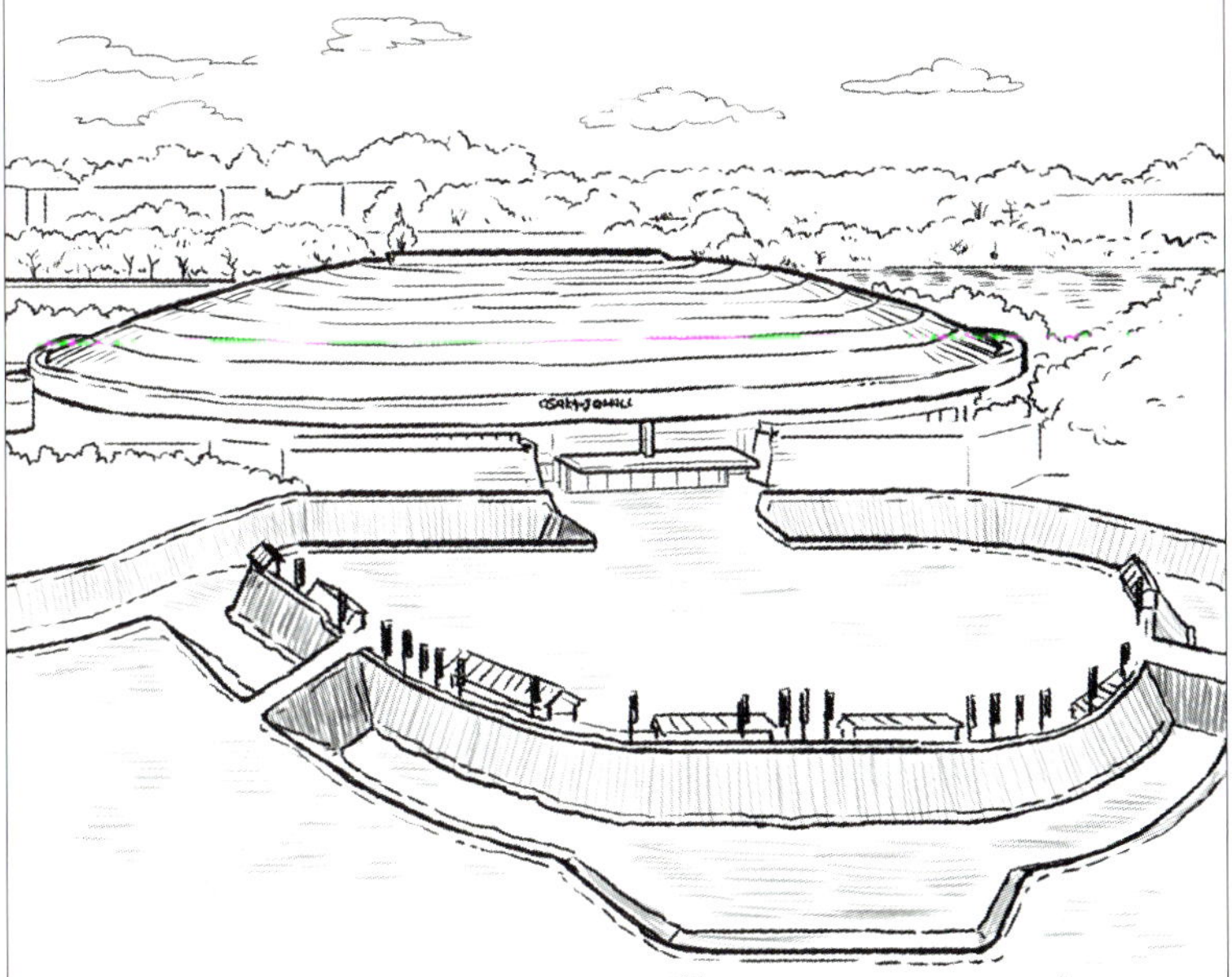

87

真《さな》田《だ》丸《まる》

【うっかり大阪城ホールに作ってしまった真田丸】

豆知識

真田丸とは女性人気No.1戦国武将、真田信繁（幸村）が大坂冬の陣で大坂城に隣接して築いた曲輪《くるわ》です。城を補強するために堀や石垣、土塁などで増築しました。

尚、「幸村」という名前は死後に創作物で作られた呼称ですが、本名よりも圧倒的に知名度が高くなってしまいました。似たような例に「森乱丸」⇒「森蘭丸」がありますが、きっと本人のイメージに合うのでしょうね。

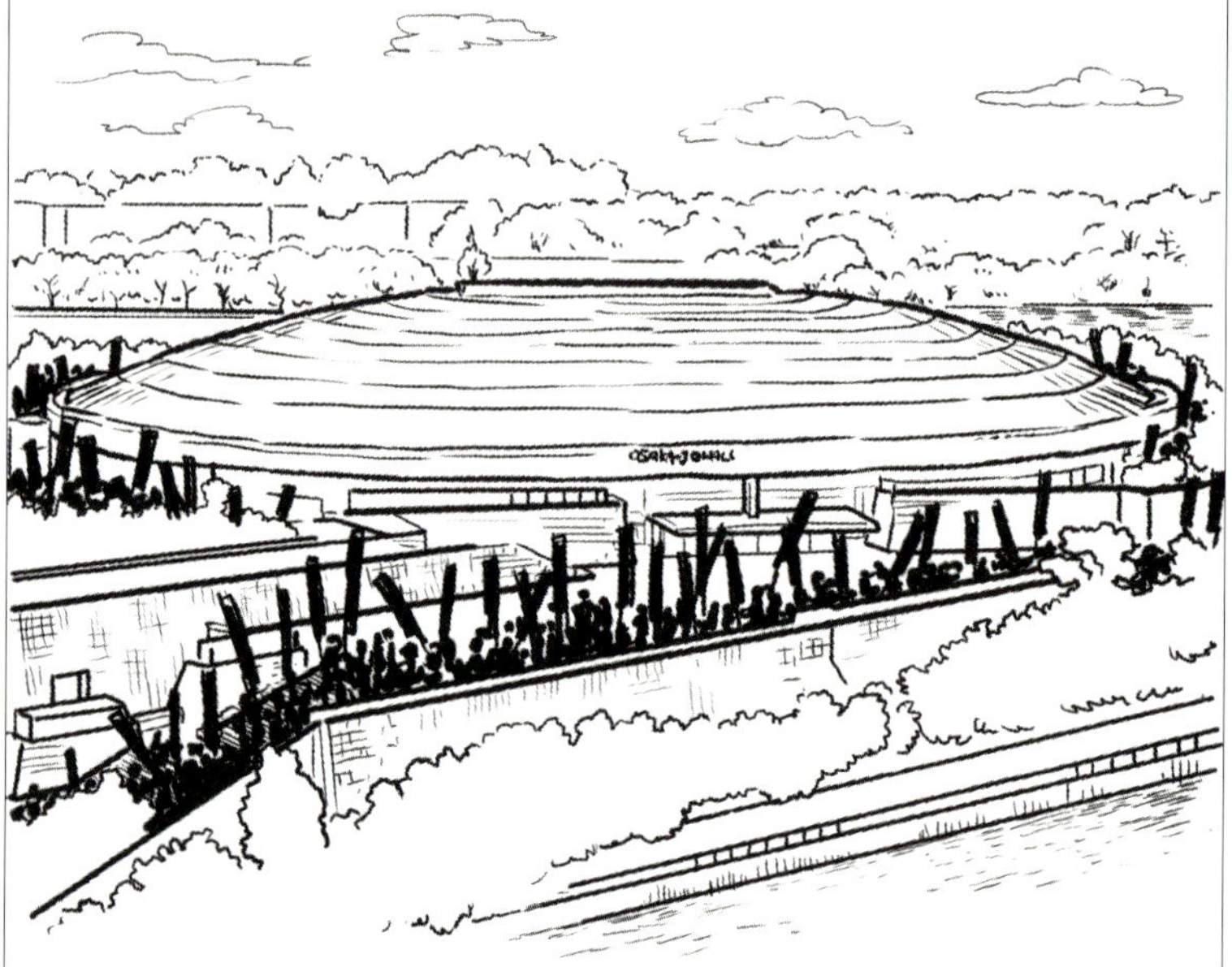

88

徳《とく》川《がわ》家《いえ》康《やす》 ㊂

（一五四二～一六一六年）

【うっかり大阪城ホールを囲んでしまった徳川家康】

豆知識

徳川家康は大坂冬の陣の際、真田丸攻略に手こずり、終戦協定に真田丸の破壊を盛り込んだほどです。ところが、真田丸の無くなった夏の陣でも、信繁の巧みな采配で本陣を壊滅させられるなど、家康にとって真田家は父・昌幸の代から何度も煮え湯を飲まされた悪夢のような存在でした。

89

徳川家康 四

（一五四二～一六一六年）

【結局、鳴かなかった】

豆知識

信長・秀吉・家康の天下人三人の性格を端的に表現した「鳴かぬなら」で始まるあまりにも有名な川柳ですが、作者は不明です。江戸時代後期の九州平戸藩主・松浦《まつら》静山《せいさん》の随筆集「甲子夜話《かっしやわ》」に、人から聞いた話として記載されています。有名な三つ以外に「鳴かぬなら鳥屋へやれよホトトギス」や「鳴かぬなら貫て置けよホトトギス」もありますが、こちらはあまり流行りませんでしたね。

コラム 七 相田みつを×織田信長

にんげんごじゅうねんだもの

つまずいたっていいじゃないか
どうせうつけものだもの
名もない草も実をつける
いのちいっぱいに自分の花を咲かせて
咲かぬなら殺してしまえホトトギス

のぶを

徳川将軍家のサイトは御目見得未満の方の観覧は禁止されています。
御目見得以下
御目見得以上
御目見得以下

90

徳川家

【御目見得以下の閲覧は、固く禁止されている徳川将軍家のサイト】

豆知識

御目見得とは、将軍と直接、謁見できる行為を指します。直参（徳川家直属の配下）であっても謁見できないのが「御家人」、できるのが「旗本」です。また、どれほど知行《ちぎょう》（所領地）が多くても直参以外の陪臣《ばいしん》は将軍への謁見は許されませんでした。ちなみに、会えるといっても遠く離れた場所で土下座するだけで、顔なんか絶対見ちゃいけなかったそうです。

91

大《だい》名《みょう》駕《か》籠《ご》

【大名駕籠　安全ステッカー】

豆知識

大名など身分の高い人間が乗る駕籠は「乗物《のりもの》」と呼ばれ別物扱いでした。装飾なども高級でこんなステッカーとか付けなくても見た目ですぐに判断できたと思います。

92

葛《かつ》飾《しか》北《ほく》斎《さい》㊀

（一七六〇～一八四九年）

【富嶽人相書き】

豆知識

自らを「絵を描く気違い」と言い、名前を「画狂人」としたこともある奇人。生涯に改号（名前の変更）30回以上と引っ越しを90回以上したので、改号狂人・引っ越し狂人の素質も充分ありです。改号のひとつに「群馬亭」というものがありますが、群馬県とは一切関係ありませんので、県民の方は落ち着いてください。

93

寺《てら》子《こ》屋《や》

【盗んだ大八車で走り出す♪】

豆知識

江戸時代の初等教育機関。

歴史は古く、平安時代に子どもたちが寺院に住み込みで実習生活を送る風習が有り、彼らを「寺子」と呼んだことがルーツとなっています。江戸時代は寺子屋の普及によって、日本人の識字率の高さは世界最高水準にありました。勤勉な日本人らしいですね。

94

大《だい》名《みょう》行《ぎょう》列《れつ》

【突然のカルガモ親子の登場に足を止める大名行列】

豆知識

大名行列の前を横切ったり、邪魔をしたりするのはご法度。叱責で済まされることも有りましたが、幕末に起きた生麦事件のように最悪の場合は斬り捨てられます。例外として横切るのを許されたのが、赤ん坊を取り出しに向かう産婆さんと、カルガモです。

95

徳《とく》川《がわ》綱《つな》吉《よし》

（一六四六〜一七〇九年）

【将軍だぞ！】

豆知識

庶民を苦しめた悪法として名高い「生類憐れみの令」によって、後世の綱吉の評判は芳しくありません。しかし、近年では戦国の荒々しい気風を排除し、社会的弱者や貧者の保護を目指した社会福祉立法の先駆者として再評価が進んでいます。ただ、後任の第6代将軍家宣に仕えた新井白石はいの一番に廃止しましたが。

96

毒《どく》見《み》役《やく》

【無意味なダイイングメッセージ】

豆知識

毒見役の歴史は古く、平安時代には薬子（くすりこ）と呼ばれる未婚の少女が、元旦に出される供御《くご》（天皇の飲食物）や屠蘇《とそ》の毒味をしていました。

芝居の題材でお馴染みの「伊達騒動」では、幼藩主の伊達綱村が8歳の時に毒殺されかけましたが、毒見役の働きで難を逃れています。この時、毒見役を務めた塩沢丹三郎はお亡くなりになりました。

97

大名行列

【大名行列の一番後ろで、「ここが最後尾」という看板を持っている親切な武士】

豆知識

大名行列といえば土下座がお馴染みですが、実際は遭遇しても邪魔にならないように道を空ければ問題ありませんでした。例外として徳川御三家の行列のみ土下座をする必要がありました。ただそれすらも、江戸の庶民はスレていましたので、遠目で行列が来るのがわかると、お茶屋などに逃げて適当にやり過ごしていたようです。

98

鼠《ねずみ》小《こ》僧《ぞう》次《じ》郎《ろ》吉《きち》

（一七九五〜一八三二年）

【隠れ鼠小僧】

豆知識

江戸後期の盗賊。本業はとび職で、動作が俊敏だったことから、このアダ名がついたそうです。

武家屋敷を専門に盗みを働いたため、権力に立ち向かう義賊として、庶民に人気がありました。

犯罪者ではありましたが庶民に人気がありました。

今も昔も、日本人はネズミが好きですね。

99

遠《とお》山《やま》景《かげ》元《もと》

（一七九三〜一八五五年）

【ツンデレ？】

豆知識

ドラマ「遠山の金さん」でお馴染みの町奉行。通称を「金四郎」といいました。実在の人物ですが、刺青の有無については諸説あるようです。また、長崎奉行だった父親の影響でコーヒー好きになり、よく飲んでいたそうです。

ドラマの主役をはるだけあってキャラが立っています。ちなみに、奉行職に「加増」の権限はないので悪しからず。

100

長《なが》曽《そ》禰《ね》興《おき》里《さと》

（生没年不詳）

【あたりでもはずれ】

豆知識

江戸前期の刀鍛冶で名刀「虎徹」の作者。虎徹は新選組の近藤勇の愛刀としても有名ですが、近藤の虎徹は贋作《がんさく》（ニセモノ）だったそうです。近藤に限らず、世の中に出回る虎徹のほとんどは贋作だったらしく、「虎徹を見たら偽物と思え」という格言が刀剣業界にあるほどです。人気があった証拠ですね。

101

一《いっ》休《きゅう》咄《ばなし》

【二次元の嫁を捕まえたいので屏風から出して欲しいと逆に頼む】

豆知識

「一休咄」は一休宗純《いっきゅうそうじゅん》をモデルに江戸時代に書かれた説話集。アニメ「一休さん」でもお馴染みです。ご本人は奇行でもお馴染みで、仏教の戒律を破り、男色・女犯・飲酒・肉食を行うなどやりたい放題でした。形骸にとらわれない破天荒な人生が、頓智話を生み出すキャラクターになったのでしょう。

102

徳《とく》川《がわ》吉《よし》宗《むね》

（一六八四〜一七五一年）

【郵便受けにも相談事がぎっしり】

豆知識

先代の家継が8歳で死去し、家康以来の徳川将軍家が途絶えたため、徳川御三家の紀州家から初めて養子として将軍家を相続しました。「享保の改革」は敬愛する綱吉の「天和の治」の影響を受けたとされていますが、綱吉の生類憐れみの令によって禁止されていた鷹狩を復活させた複雑な思考の持ち主です。

103

参《さん》勤《きん》交《こう》代《たい》

【交代のタイミングでハイタッチが交わされるためだけの間】

豆知識

参勤交代は一年おきに江戸と国元を往復させ、将軍への忠誠を示させる制度。大人数で何日もかけて移動するため、移動費や宿泊費などが嵩み、藩財政を圧迫したと言われています。一方で、移動中の各宿場で使ったお金によって庶民が潤うという経済効果を生んだ側面もありました。

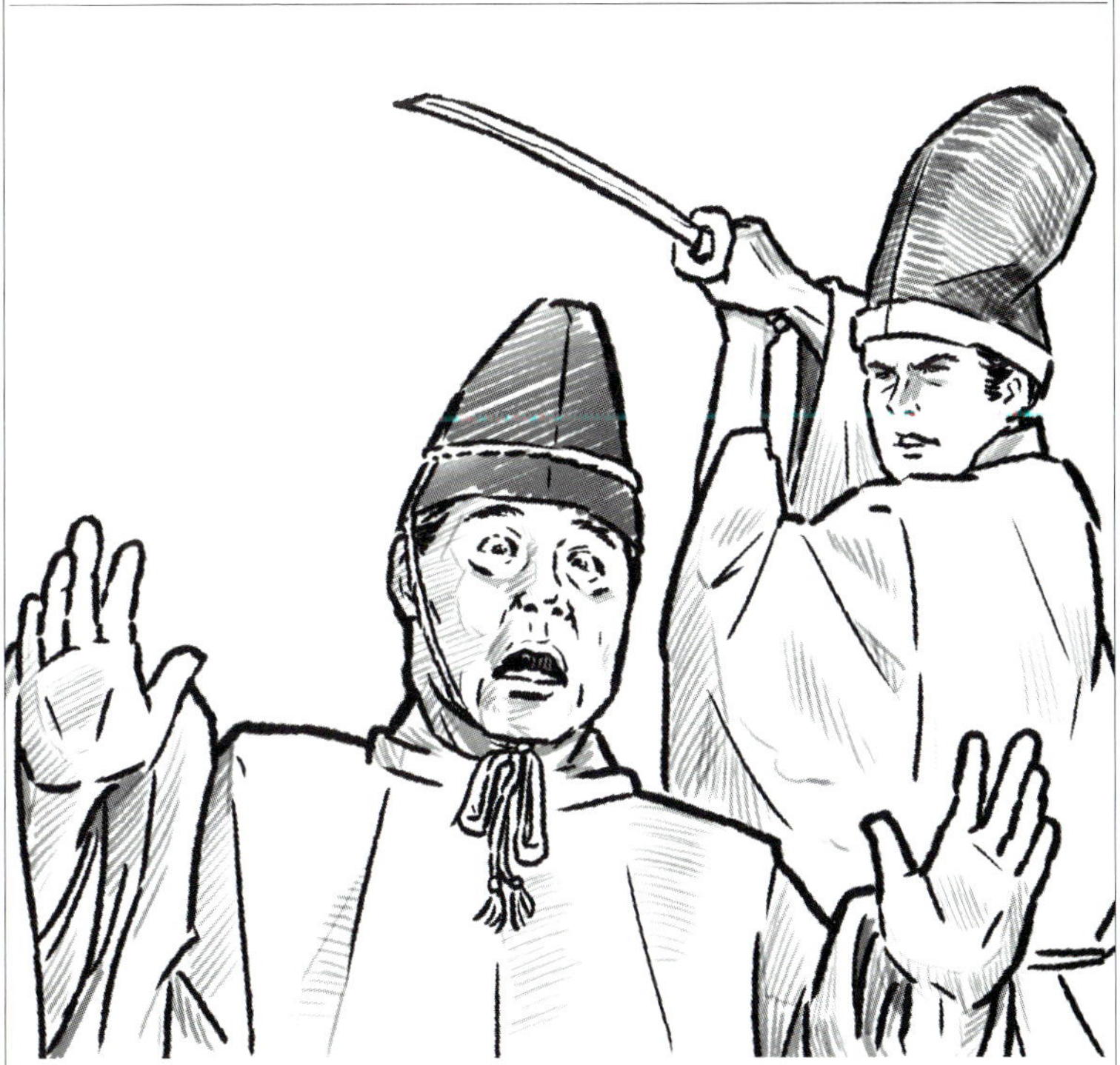

104

浅《あさ》野《の》長《なが》矩《のり》

（一六六七〜一七〇一年）

【吉良上野介に斬りかかったのは、しゃっくりを止めようと思ったから】

豆知識

本名よりも浅野《あさの》内匠頭《たくみのかみ》で覚えている方も多いでしょう。『忠臣蔵』のモデルとなった赤穂事件の原因を作った殿様です。なぜ斬りかかったのかについては諸説あり、いまだに謎のままです。

ただ、かなり短気な性格だったらしく、この事件でお家断絶になったというニュースが領国に伝わると、領民が赤飯を炊いて喜んだという逸話があるため、ちょっとアレな方だったのかもしれません。

105

葛《かつ》飾《しか》北《ほく》斎《さい》 ㈡

（一七六〇～一八四九年）

【個人情報保護法に配慮された富嶽三十六景】

豆知識

北斎の三女、葛《かつ》飾《しか》応《おう》為《い》も浮世絵師で、画力と性格を北斎から充分に受け継ぎました。応為とは画号ですが、一説によると、北斎が彼女を呼ぶ際に「おーい」と叫んだことから、それをそのまま画号にしてしまったそうです。血は争えないですね。

106

前《まえ》田《だ》利《とし》益《ます》 ㊁

（生没年不詳）

【大名行列の一番後ろの方の連中は、傾《かぶ》奇《き》者《もの》】

豆知識

遠足や修学旅行で、バスの後ろの席を陣取るのはたいがい不良と相場が決まっていますが、大名行列の一番後ろだってもちろん同じです。イラストですが、前田慶次はよいとして、他の二人は何者なんでしょうか。

ちなみに実際も、整列してきちんと歩いていたのは、国元の出発や到着時、領地の境を通るとき、宿場の出発や到着時、江戸入りのときくらいでした。あとは列もばらばらで、かなり自由な歩き方をしたようです。まあ、疲れちゃいますからね。

107

飛《ひ》脚《きゃく》

【飛脚ズ・ハイ】

豆知識

江戸時代の飛脚は、江戸―大坂間（約550km）を2日半〜3日で走ったそうです。もちろん一人ではなく、複数人によるリレー方式でした。「継《つぎ》飛《び》脚《きゃく》」と言われ、恍惚に満ちた表情の飛脚たちが東海道を走る姿は胸熱ですね。

108

駕《か》籠《ご》

【新品の駕籠の臭いで酔う】

豆知識

時代劇などで見られる駕籠は、一見、優雅な乗物のようですが、実際はかなり乗り物酔いしたそうです。

江戸時代後期に書かれた旅行ハウツー本「旅行用心集」にも、駕籠による酔い対策ページがあります。「気持ち悪くなったら、駕籠のすだれを開けて乗ること」といったことが書かれていますが、車に酔って窓を開けるのと全く同じですね。

109

市《し》中《ちゅう》引《ひ》き廻《まわ》し

【気が滅入る「市中引き廻しスタンプラリー」】

豆知識

江戸時代に行われていた刑罰。死罪の判決を受けた罪人が罪状の書かれた札とともに刑場まで公開で連れて行かれるというなんとも残酷なもので、刑罰の軽重によってコースが変わったそうです。軽重といってもすべて死罪ですが、打首やら磔やら火炙りやらと死へのプロセスに違いがありました。怖いですね〜。

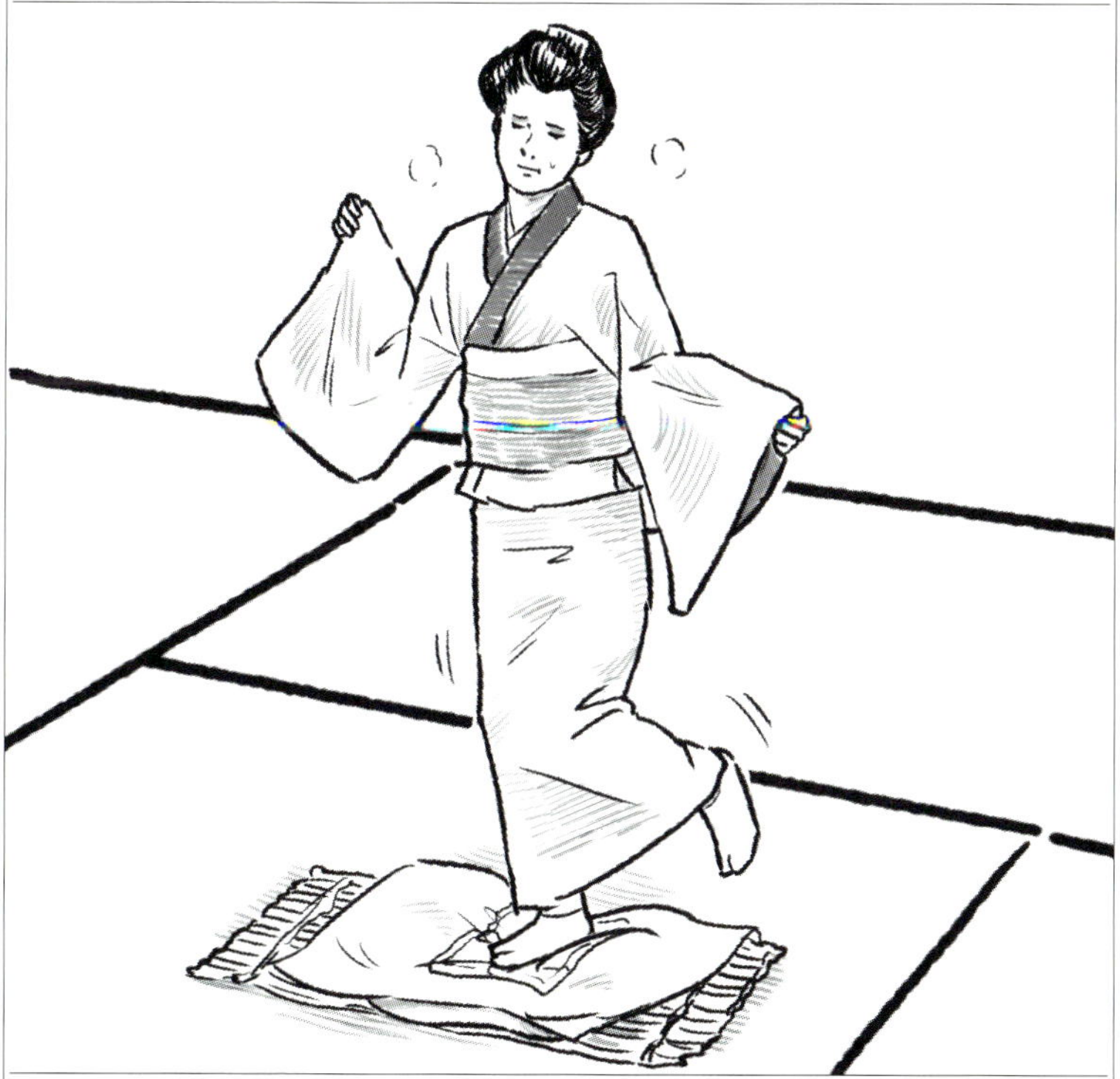

110

踏み絵 ㊀

【うどんの生地に描いたキリストを踏んでもらう踏み絵】

豆知識

諸説ありますが、主に香川県で、コシのあるうどん作りと隠れキリシタンの発見を同時に行うために開発されたとのことです。

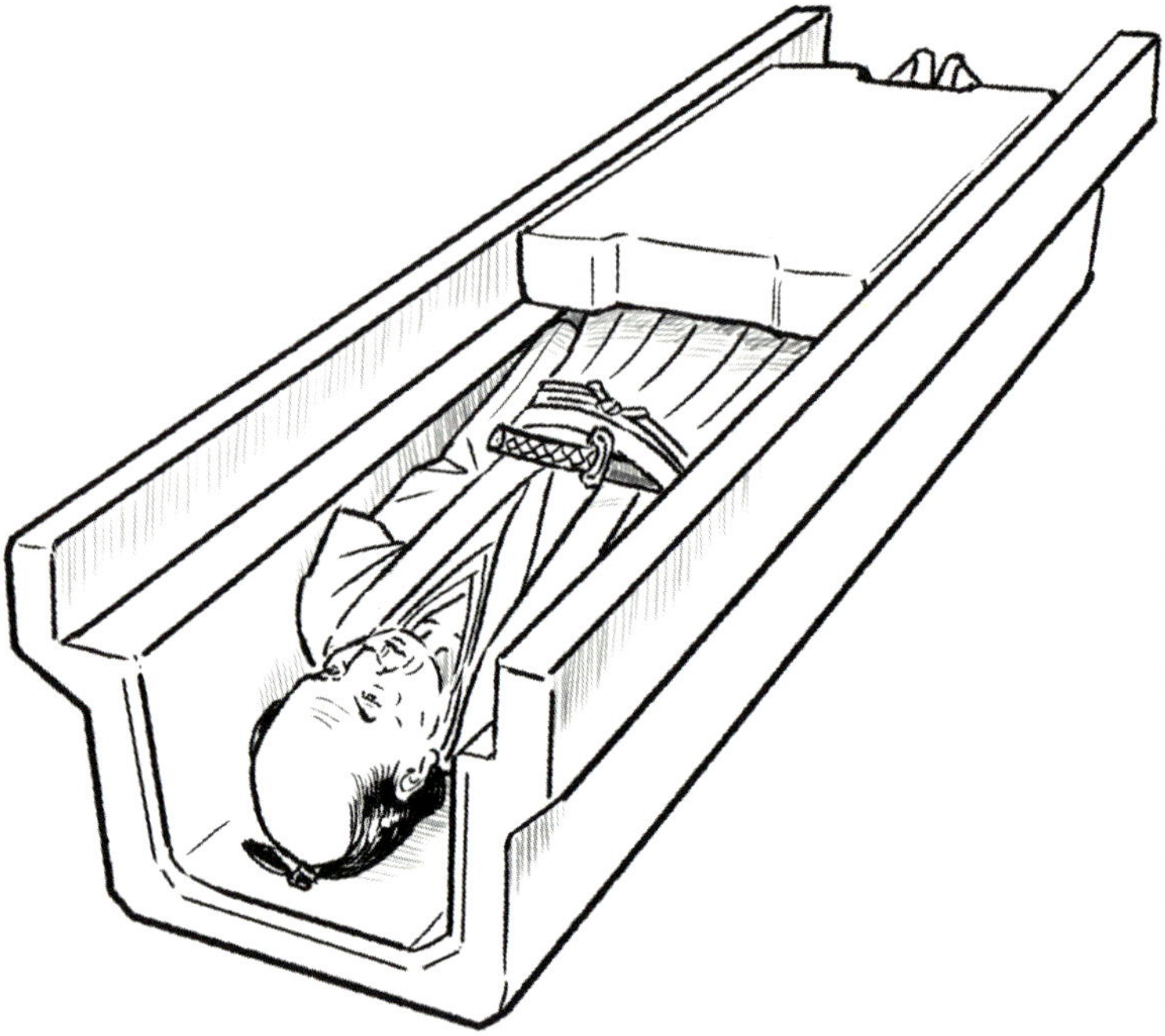

111

伊《い》能《のう》忠《ただ》敬《たか》 一

（一七四五～一八一八年）

【生まれ変わったら、道になりたい】

豆知識

伊能忠敬は、本業を引退後に天文・暦学を勉強し、55歳から71歳までの間に、約3万5千キロ、地球一周分を歩いて測量しました。まさに異能の人ですが、「道を極めたい」という執念では、現代の変態も負けてはいません。

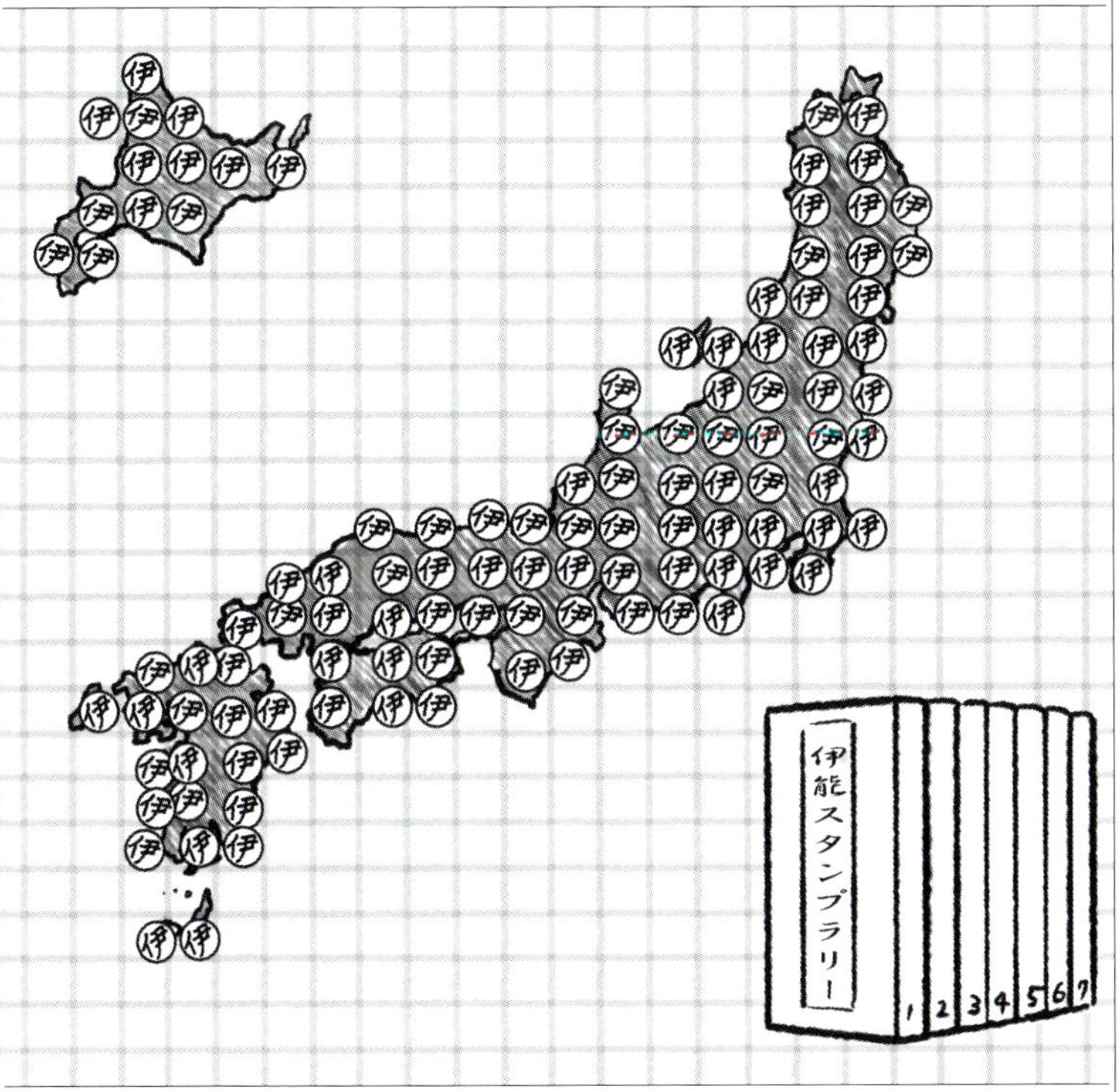

112

伊能忠敬 二

（一七四五〜一八一八年）

【伊能忠敬が監修した全国版スタンプラリーの難易度が高すぎる】

豆知識

伊能忠敬は非常に厳格な性格でした。できの悪い部下に対しては容赦なく、実の息子の秀蔵をクビにもしています。一日に40キロ、口もきかずにひたすら歩数を数えながら歩き続けるという方法で測量し、当時としては異常な精度の地図を作り上げたのですから、並大抵の厳格さじゃ務まりません。監修していたら、さぞかし悲鳴が上がるようなスタンプラリーを作ったことでしょう。

113

踏み絵 二

【キリストで韻を踏んだラップを刻んでもOKな、ノリの良い踏み絵】

豆知識

心を鬼にして韻を踏み、難を逃れて欲しいものですね。

コラム

八

千手観音の秘密

千手観音の手は多くの人々に手を差し伸べ、どんな人達でも漏らさずに救済しようとする広大無限の慈悲の心を表現していますが、実際には40本程度となるため、どうしても「漏れ」が生じてしまいます。そんな千手観音が後逸しがちな人の特徴についてご紹介します！

一、「それ、史実じゃないから」「鎌倉幕府は1185年からだから」などこと事あるごとに話の腰を折る人。

二、「お前んちの父ちゃん、宣教師？」「お前の母ちゃん、奇兵隊にいた？」など家族を歴史上の人物に例える人。

三、Wi-Fiに「大塩平八郎のLAN」「平将門のLAN」と名付けて悦に入っている人。

四、いい歳して小野妹子が男であるという事実に気づく人。

「全盛期なら、もっと
出せたんだけどね。
三河屋のサブとかさ」

第三章

「なぜ」と「流れ」を見失う日本史

〈幕末〜〉

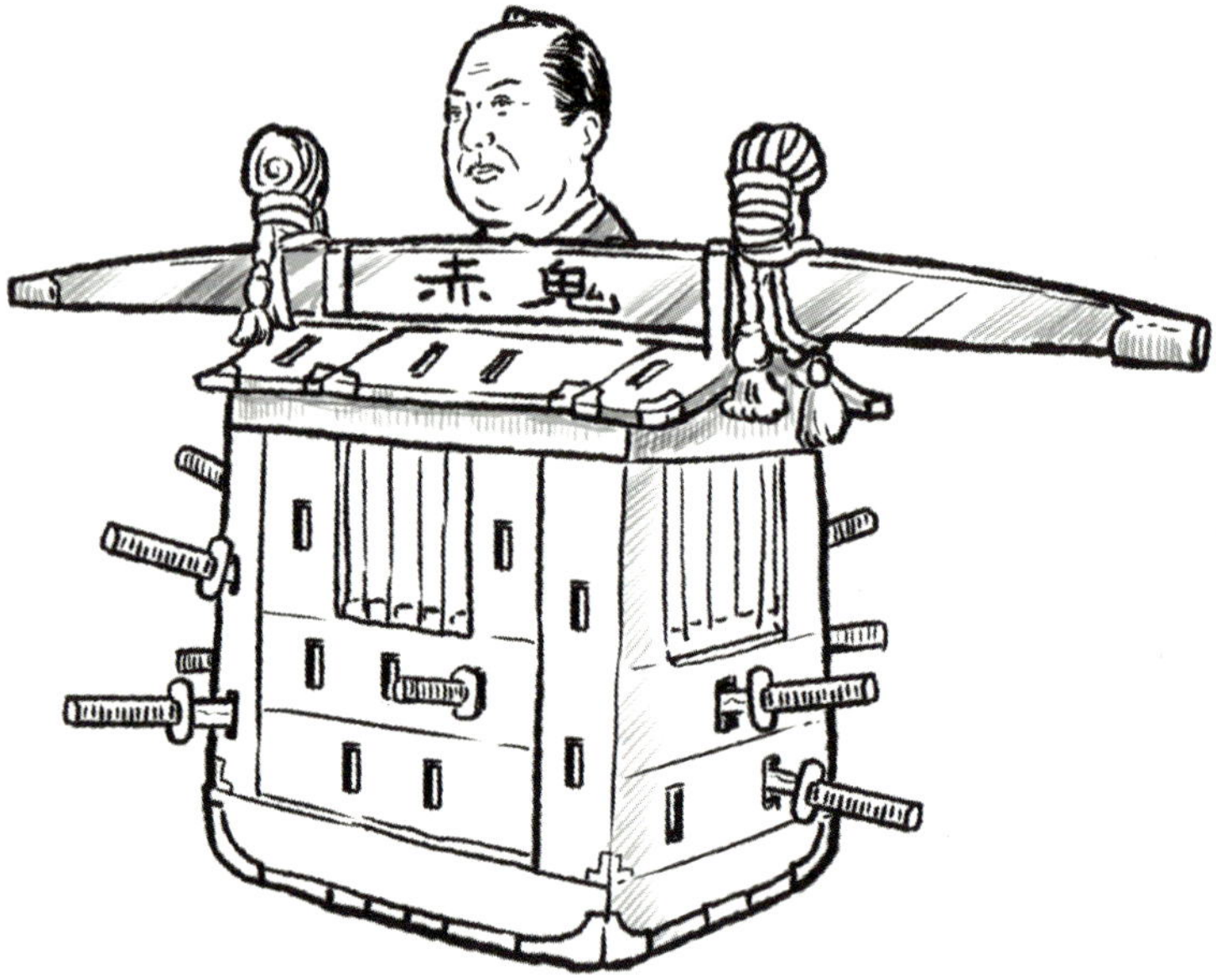

114

井《い》伊《い》直《なお》弼《すけ》

（一八一五～一八六〇年）

【赤鬼危機一髪】

豆知識

安政の大獄を筆頭に、強権を振るって尊攘派を徹底的に弾圧したことから「赤鬼」と呼ばれ恐れられていました。一方、家督相続の可能性が低い14男に生まれたことから、歌やお茶に没頭する気楽な部屋住み時代を送っており、この頃のアダ名は「ちゃかぽん」でした。由来は「ちゃ」はお茶、「か」は歌、「ぽん」は太鼓で、後の「赤鬼」からは想像もできないような平和な人物だったようです。

115

マシュー・ペリー

（一七九四～一八五八年）

【一応、聞いてみた】

豆知識

日本を開国させた黒船の司令長官。ちなみに彼よりも7年先に来たジェームズ・ビドルは、紳士的な交渉を行い、通訳の手違いで武士に殴られるなど散々な目に遭わされましたが、日本側に拒否されると素直に帰って行きました。ペリーが武力を背景に強制的に開国を迫ったのは、彼の失敗によるものとされています。

116

マシュー・ペリー㊁
（一七九四～一八五八年）

【厚切りペリー】

豆知識

大老⇒老中⇒若年寄と身分が低くなっていきます。
これらの職制は徳川家康が江戸に幕府を開いた
当初はなく、徳川家が一大名の頃に
側近の職名として使っていた「年寄」から派生して、
徳川家光の時代に作られました。

117

黒《くろ》船《ふね》

【黒船型強力目覚まし時計】

豆知識

「泰平の眠りを覚ます上喜撰 たつた四杯で夜も眠れず」は、幕末に流行した狂歌。「泰平の眠りを覚ます」とは開国を指し、お茶の銘柄「喜撰」の上等のものを「上喜撰」と呼んでいたことから蒸気船とかけ、さらにお茶の４杯と船の４杯もかかっているという上手な歌です。ちなみに船には様々な数え方があり、「杯」もそのうちの一つです。

118

西《さい》郷《ごう》隆《たか》盛《もり》

（一八二八～一八七七年）

【嫌いじゃなくて魂を抜かれるのが怖かったから】

豆知識

写真が一枚も残っていないことで有名な西郷隆盛。上野の西郷像は、除幕式に立ち会った奥さんが驚愕したほど似ていないそうです。

ちなみに西郷隆盛の本名は、実は「隆永」といいます。登録を任せた友人の吉井友実が間違えて父親の「隆盛」で太政官に申請してしまったためですが、変更が面倒だったので西郷はそのまま「隆盛」になりました。

119

解《かい》体《たい》新《しん》書《しょ》

（一七七四年）

【下半身の章が袋とじになっている解体新書】

豆知識

解体新書はドイツ人医師クルムスによる解剖学書のオランダ語訳書『ターヘル・アナトミア』を、杉田玄白や前野《まえの》良沢《りょうたく》らが翻訳した解剖書。ちなみに日本初の解剖書は、山脇東洋《やまわきとうよう》が死刑囚の解剖を観察してまとめた「蔵志《ぞうし》」です。

120

杉《すぎ》田《た》玄《げん》白《ぱく》❶

（一七三三～一八一七年）

【指名】

豆知識

初めての解剖を「筆下ろし」ならぬ「メス下ろし」と呼んだとか全く呼んでいないとか。

実際は、自分の子供を何人も殺した大悪人で、青茶婆《あおちゃばあ》と呼ばれた五十代女性でした。

残念でしたね。

121

杉田玄白（二）

（一七三三〜一八一七年）

【人体の神秘ではなく、女体の神秘に反応】

豆知識

解体新書の作者としては杉田玄白が最も有名ですが、玄白は当初オランダ語ができず、翻訳作業の中心は前野良沢が担いました。ところが、前野良沢は、翻訳の不備を認めながら出版したことを恥じ、翻訳者としてクレジットされることを拒否しました。どこかの佐村河内さんに爪の垢でも煎じて飲ませたいものです。

122

解《かい》体《たい》新《しん》書《しょ》

（一七七四年）

【ハードカバーでも新書コーナーに陳列】

豆知識

まともな辞書もない当時、翻訳作業はほとんど暗号解読に近い流れで進められました。また、日本語にない単語も多く、「神経」「動脈」「軟骨」「処女膜」などは、彼らによる造語です。今では立派に浸透していますね。

それがしの
ことを嫌うは
構わぬが、
土佐勤王党は
嫌うべからず。

123

武《たけ》市《ち》半《はん》平《ぺい》太《た》

（一八二九〜一八六五年）

【TKT（土佐勤王党）48】

豆知識

土佐藩の勤皇派の首領で、藩政改革に大きな影響力を及ぼしましたが、あと一歩のところで、藩主山内容堂《やまうちようどう》自らの弾圧によって切腹させられてしまいました。容堂は幕末の四賢侯に選出された有能な藩主の一人。幕末は無能藩主ばかりでしたが、例外的に有能な藩主を持ってしまった運の悪い人。

こんな土方歳三は嫌だ

124

土方《ひじかた》歳三《としぞう》

（一八三五～一八六九年）

【私服がダサい】

豆知識

新選組の鬼の副長として恐れられていた土方ですが、大変な男前だったため、当時も今も女性の人気は非常に高いです。地元の多摩にいた遠戚の小島鹿之助に女性から貰ったラブレターを自慢気に送ったエピソードは有名で、お土産と思って小包を開けた鹿之助一同、ものすごく引いたそうです。黒歴史ですね。

125

近《こん》藤《どう》勇《いさみ》

（一八三四〜一八六八年）

【近藤の虎徹、偽物説】

豆知識

「今宵の虎徹は血に飢えている」でお馴染み近藤勇の虎徹ですが、残念ながら偽物だった可能性が高いそうです。諸説ありますが、そもそも虎徹は大名クラスしか持てない大変高価な代物でしたから、酒席でげんこつを口に入れるという一発芸を披露するようなお調子者が所持していたとは考え難いですね。

・敵がいるかもしれない
・急に襲われるかもしれない

126

新《しん》選《せん》組《ぐみ》

（一八六三～一八六九年）

【かもしれない巡察】

豆知識

新選組は今の学校のように、撃剣、柔術、文学、砲術、馬術、槍術など科目ごとに師範を設けて訓練を行っていました。「文学」だけものすごく浮いている気がしますが、ちゃんと文学師範なる人がいて教えていたそうです。土方歳三も和歌や俳諧を嗜んでおり、「豊玉発句集」という句集も残されています。ちなみに、お世辞にも上手いとは言えません。

ひっとりー相手に
囲み斬り♪
ひっとりー相手に
囲み斬り♪
坂本龍馬は
殺ってないよ♪
※リフレイン
局中法度に
たてつくな♪
※リフレイン

127

新選組

（一八六三〜一八六九年）

【ミリタリーケイデンス】

豆知識

ミリタリーケイデンスとは、
軍隊が訓練時に歌う行進曲です。
日本ではアメリカの海兵隊の歌が有名ですね。
ちなみに、凶暴なイメージの強い新選組ですが、
取り締まりの基本は捕縛でした。
剣術家の集まりではありましたが、
一対一の決闘はせず、1人を2〜3人で囲い、
寄って集って追い詰めたようです。
新選組が軍隊ではなく警察組織である所以です。
もちろん、行進曲などありません。

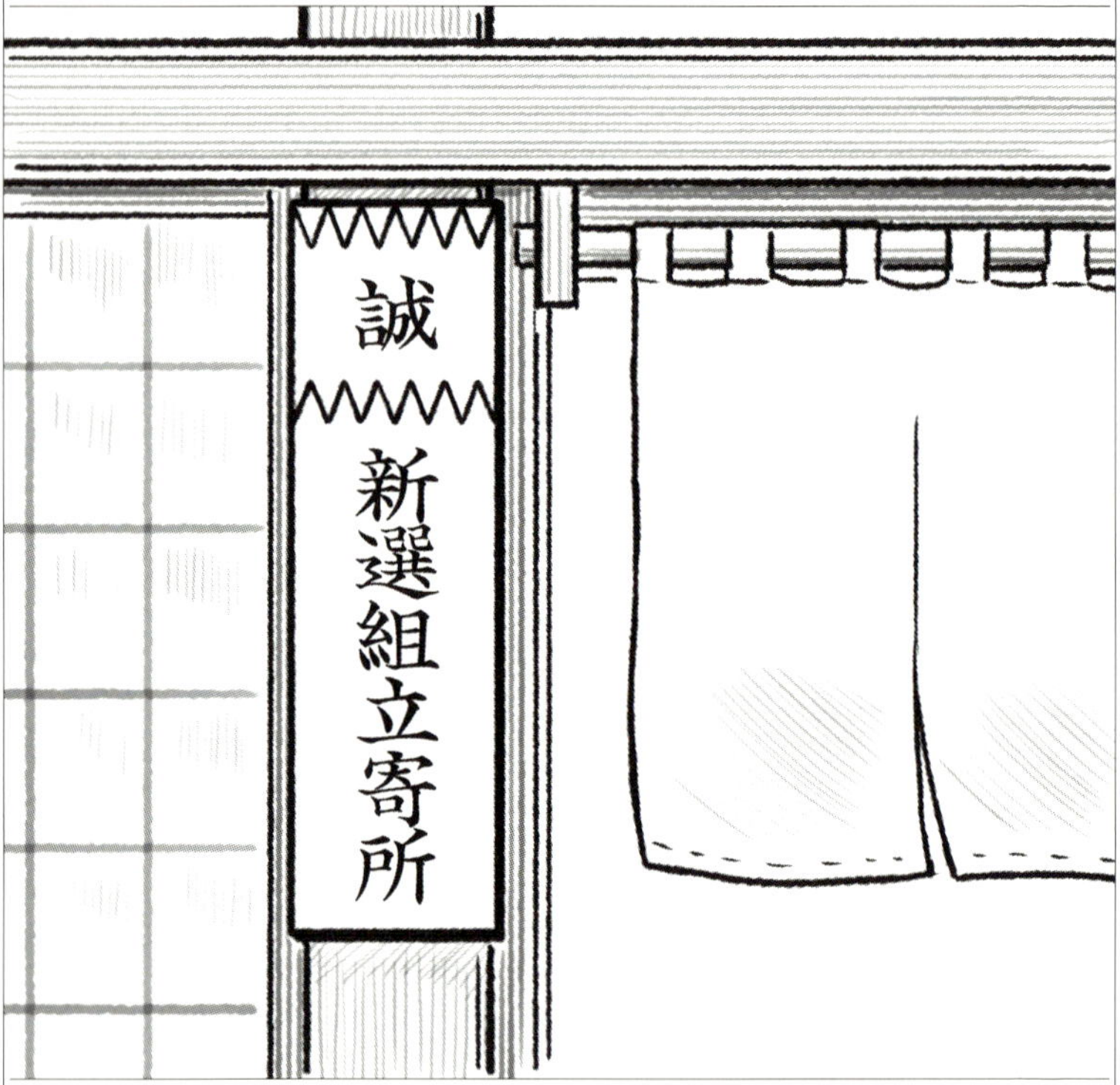

128

新選組

（一八六三〜一八六九年）

【防尊皇攘夷シール】

豆知識

新選組の日課は昼夜1日2回の巡察（見回り）でした。組長1人、伍長2人、総勢13名程度を1班として、京都の市中を回りました。他に、変装した隊士による忍び見回りもあり、今の警察と非常によく似ています。

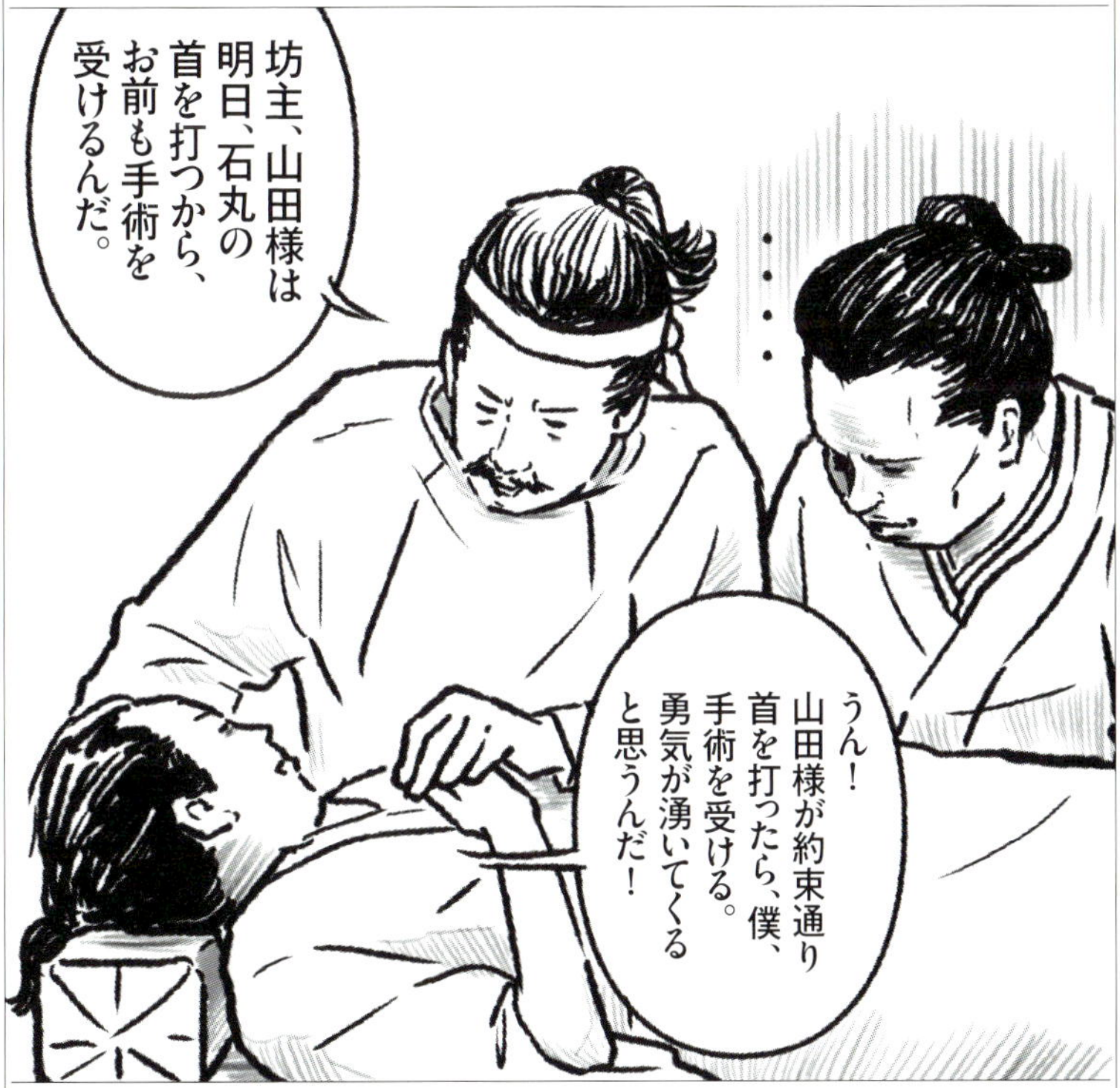

129

山田《やまだ》浅《あさ》右《え》衛門《もん》㈠

（一六五七〜一八八一年／初代〜八代）

【手術と引き換えに】

豆知識

山田家は刀剣の試し斬りや打首の際の執行人を務める家柄で、その当主が代々名乗ったのが「浅《あさ》右《え》衛門《もん》」です。ドラえもんみたいな名前が逆に怖く、実際、「首斬り浅右衛門」として恐れられていました。

130

山《やま》田《だ》浅《あさ》右《え》衛門《もん》 ㊁

（一六五七〜一八八一年／初代〜八代）

【野菜の収穫のように言ってみた】

豆知識

仕事はハードですが、「公儀《こうぎ》御《お》試《ためし》御用《ごよう》」と呼ばれる将軍家に納める刀剣の試し斬りをしたり、死体から肝臓や脳などを原料とした薬を売ったりして、非常に裕福だったそうです。

131

大村益次郎《おおむらますじろう》

（一八二五〜一八六九年）

【奇兵隊で一番奇抜なところ】

豆知識

長州藩で村医の息子として生まれ、大坂の名門「適塾《てきじゅく》」に学ぶなど、医者としてのキャリアを順調に進んでいましたが、桂小五郎から軍人としての才能を買われ、ジョブチェンジします。長州藩を率いて戊辰戦争に勝利し、その後も新政府軍の兵部大輔《ひょうぶのたいふ》に任命され、日本陸軍の祖となりました。その特異な容貌から長州藩では「火吹き達磨」のあだ名を付けられたそうです。まあ、確かに。

132

切《せつ》腹《ぷく》

【用意周到にポイントをバミる】

豆知識

寿司、天ぷらと共に世界的に有名な「ハラキリ=切腹」。「切腹を許す」と表現されたことから、打首とは対照的に一種の名誉刑としての側面を持ちます。また、動機によって「追腹《おいばら》（主君の後を追う殉死のとき）」や「詰腹《つめばら》（仕事上で責任を取るとき）」など、呼び方が変わります。

133

即《そく》身《しん》仏《ぶつ》

【念仏で寝てない自慢を唱える】

豆知識

さては成仏する気ありませんね。

134

切《せつ》腹《ぷく》

【罪人きっかけで首を落とす介錯人】

豆知識

切腹には、武市半平太の実行した三文字割腹の法（腹を三回斬る）といった過激な例も一部ありましたが、江戸後期になると、扇子を短刀に見立てて、実際には腹を斬らずに首を落とすといった形式的なものも多く行われていたようです。武士の情ですね。

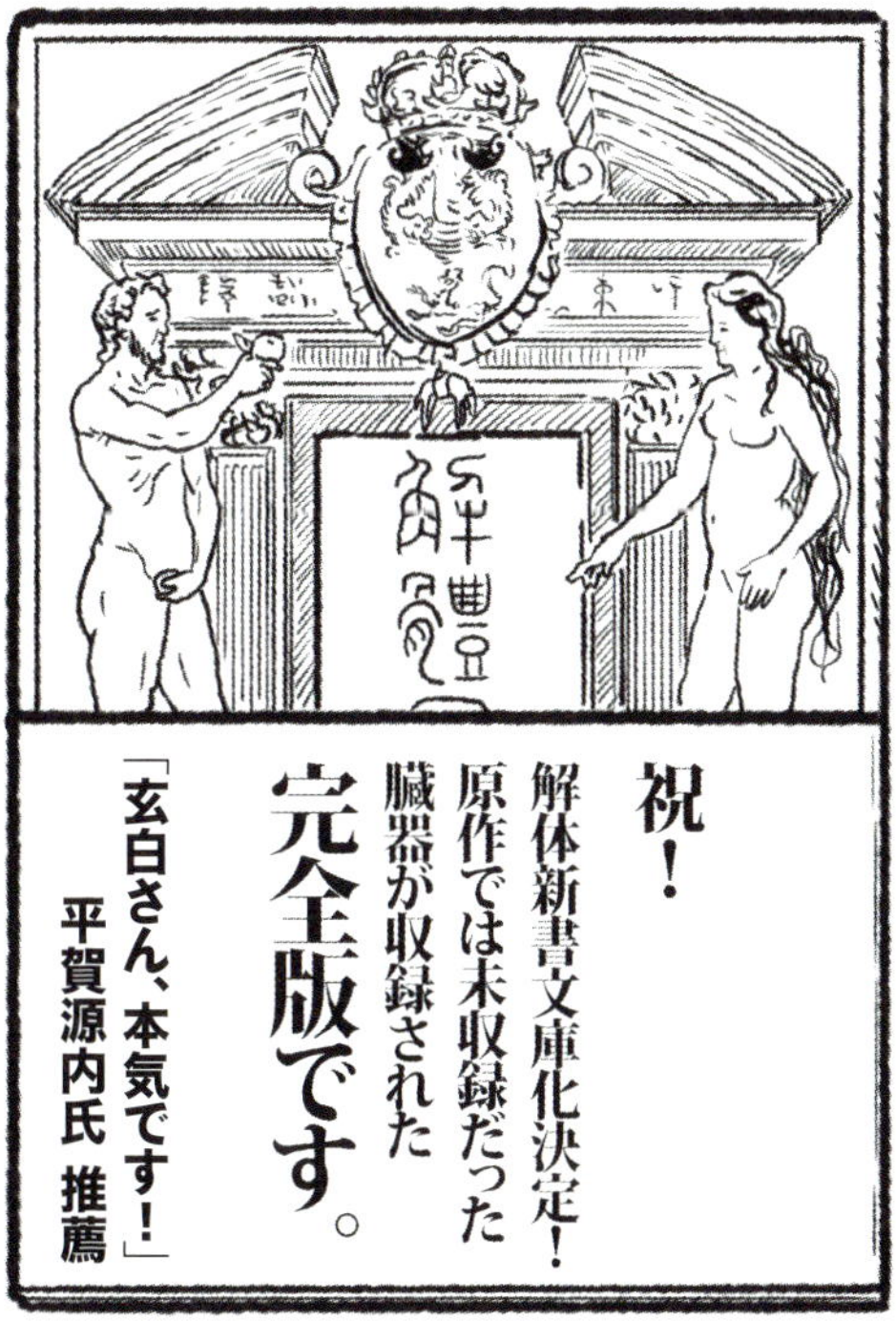
祝！
解体新書文庫化決定！
原作では未収録だった
臓器が収録された
完全版です。
「玄白さん、本気です！」
平賀源内氏 推薦

135

平《ひら》賀《が》源《げん》内《ない》

（一七二八〜一七七九年）

【斬新なキャッチコピー】

豆知識

一説によると、土用丑の日に鰻を食べる風習は、平賀源内のアイディアが由来とされています。売れ行きの芳しくない鰻屋に「土用丑の日」と書いて店先に貼りだすよう勧めたところ、大変繁盛したという逸話が有るためですが、これ以外にもキャッチコピーを書いて報酬を受けた実績があり、コピーライターのはしりと言われることも。

コラム 十

解体新書 読モ

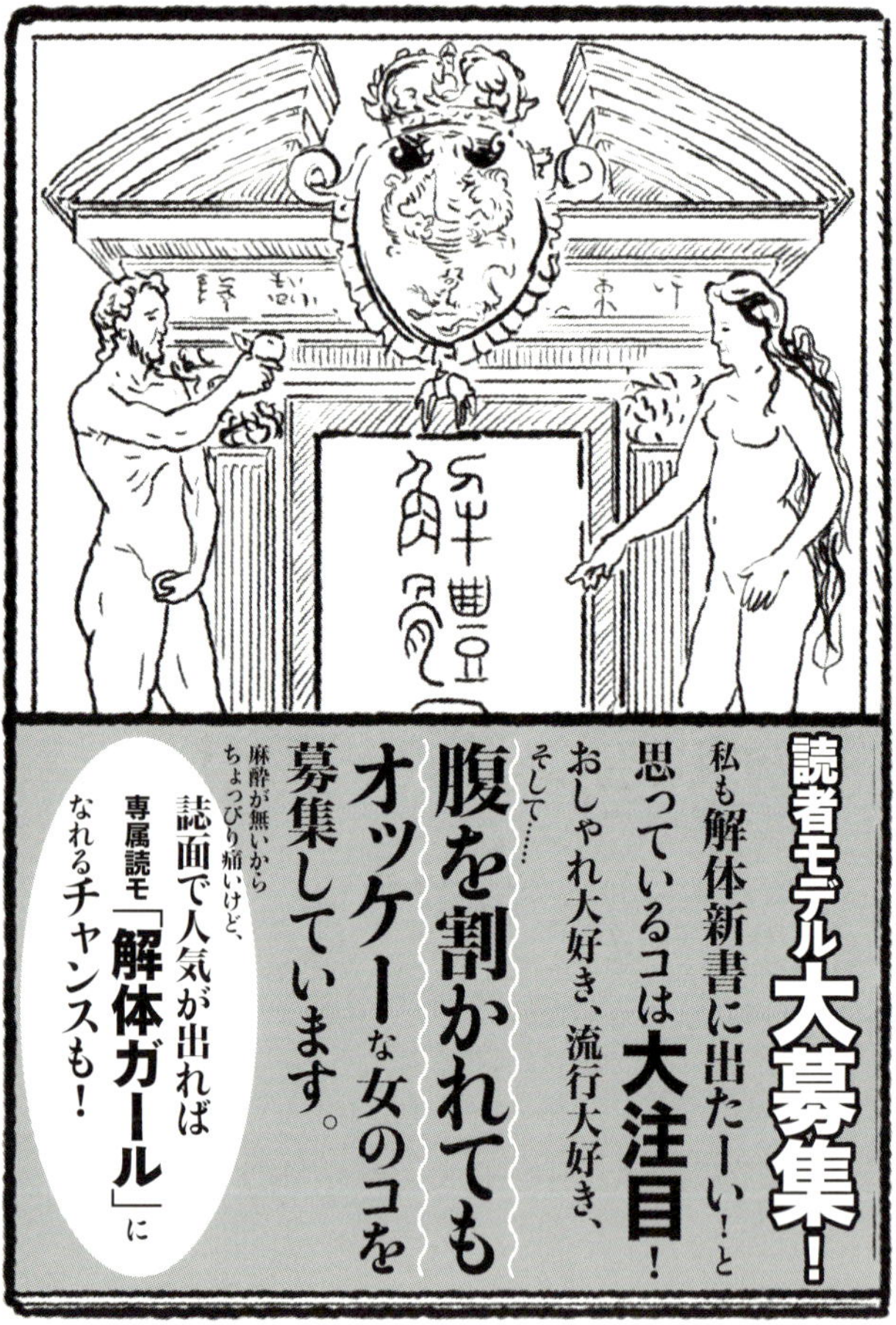

読者モデル大募集!

私も解体新書に出たーい!と
思っているコは**大注目!**
おしゃれ大好き、流行大好き、
そして……
腹を割かれてもオッケーな女のコを
募集しています。

麻酔が無いから
ちょっぴり痛いけど、
誌面で人気が出れば
専属読モ「**解体ガール**」に
なれるチャンスも!

一発で首を落とせるかどうかがネックですよね。

136

山田《やまだ》浅右衛門《あさえもん》㊂

（一六五七〜一八八一年／初代〜八代）

【介錯人ギャグ】

豆知識

日本刀の斬れ味については言わずもがなであるものの、実際に首を一刀のもと斬り落とすのは非常に難しく、それ故に専門家としての山田浅右衛門の存在価値がありました。介錯とは切腹の負担を軽減するためのものですから、一度で斬り落とせないことは非常に無作法なことでした。

137

山《やま》田《だ》浅《あさ》右《え》衛門《もん》 四

（一六五七～一八八一年／初代～八代）

【NEXT 打首's サークル】

豆知識

全部で9人いるんでしょうか？できれば一発のあるクリーンアップにお願いしたいところです。

アルプスの家老　カワイ

138

河《かわ》井《い》継《つぎ》之《の》助《すけ》

（一八二七〜一八六八年）

【間違ったスイスモデル】

豆知識

7万4千石という小藩だった長岡藩を徹底的な藩政改革によって国力を増強させ、洋式化された軍事力を背景に、スイスをモデルにした中立国の成立を目指したのが河井継之助です。残念ながら夢かなわず、官軍によって長岡の街を滅ぼされてしまい、英雄から一転、長岡の民衆から恨まれる存在となってしまいました。

139

葉《は》隠《がくれ》

（一七一六年）

ゆるキャラ「武士道と云うは死ぬ事と見付けタリン」

豆知識

「武士道と云うは死ぬ事と見付けたり」で有名な『葉隠』は、佐賀藩に仕えた山本常朝《やまもとつねとも》が、武士道における覚悟を口述し、田代陣基によって筆録されたもの。人間の修養として歓迎されたり、危険思想としてみなされたり、時代によって評価や使われ方を都合よく変えられてしまいました。

140

勝《かつ》海《かい》舟《しゅう》 一

（一八二三〜一八九九年）

【江戸城開城の真実】

豆知識

西郷隆盛は犬を何匹も連れて出歩くほど犬好きでした。一方、勝海舟は子供の頃に睾丸を犬にかじられ生死の境をさまよう羽目に陥り、これが原因で、生涯犬に近づけなかったそうです。

ちなみに、父の小吉は放浪時代に崖から落ちて睾丸を一つ潰しました。親子揃って睾丸が片方ない不思議な親子です。

141

切《せつ》腹《ぷく》

【腹八分目で止めといたので無事】

豆知識

切腹は別腹です。意味が分かりませんね。

いったいどこへ?
消えた埋蔵金問題!

142

小《お》栗《ぐり》忠《ただ》順《まさ》

(一八二七～一八六八年)

【夢のない言い方】

豆知識

江戸城無血開城の折、明治新政府は江戸城にあるという幕府御用金を資金源としてあてにしていました。ところが城内を探しても見つからず、そこから幕府がどこかへ隠したのではないかという伝説が生まれました。当時勘定奉行を務めた小栗忠順が真っ先に疑われ、彼の領地である群馬県の山中に隠されている、といった流言が飛び交い、これまでに何度も発掘作業が行われましたが、年金同様、いまだ見つかっていません。

143

福《ふく》沢《ざわ》諭《ゆ》吉《きち》

（一八三四〜一九〇一年）

【幕末の意識高い系】

豆知識

3度の欧米視察を行うなど洋学通としてお馴染みですが、立身《たつみ》新流《しんりゅう》居合《いあい》の免許皆伝を受けた居合の達人でもあります。また、代表作「学問のすすめ」は300万部を超える大ベストセラーとなりました。当時の日本の推定人口は3500万人程度でしたので、およそ10人に1人が持っていたことになります。さぞかし学問がすすんだことでしょう。

144

勝《かつ》海《かい》舟《しゅう》（二）

（一八二三〜一八九九年）

【古参アピール】

豆知識

暗殺目的でやってさた坂本龍馬を説き伏せ、逆に弟子にしてしまうという馴れ初めのエピソードは有名です。晩年に出版した談話集「氷川清話《ひかわせいわ》」で、西郷隆盛や坂本龍馬といった維新の英傑たちについて喜々として語っていますが、アイドルグループの古参ファンがしたりげに売れない時代のことを紹介する感じにちょっと似ています。

145

大《おお》久《く》保《ぼ》利《とし》通《みち》

（一八三〇〜一八七八年）

【ＮＯマネーでフィニッシュ！】

豆知識

維新後、新政府の中心人物として内務省の初代内務卿に就任。官僚中心の専制支配を行ったことから、西南戦争で散った西郷隆盛とは対照的に地元鹿児島では今でもあまり人気がありません。また、大変威厳のあった人物で、眼を開けていると部下が物怖じするため、目を閉じて意見を聞いたほどです。私生活では清貧を貫き、政府にお金が無い場合は私財を投じて事業を進めたことから、死後に借金しか残らずＮＯマネーでフィニッシュしました。

146

米騒動

（一九一八年）

【祝！ハリウッド映画化決定！】

豆知識

米騒動は、1910年、米価の高騰に伴い、業者の買い占めや売り渋りなどが発生したことに腹を立てた民衆が、抗議運動や米の安売りを求めて打ち毀しなとを行った事件です。騒動は全国的な広がりを見せ、まさに全国の米問屋が泣かされる羽目になりました。

147

山《やま》本《もと》権《ごんの》兵《ひょう》衛《え》

（一八五二〜一九三三年）

【もう「ごんべえ」でも「ごんのひょうえ」でもどっちでもいいよ】

豆知識

薩摩藩士として戊辰戦争に従軍後、失業していた時期があり、その際に何を思ったのか力士を目指して相撲部屋の門を叩きました。ところが、力士にしては賢すぎるという不思議な理由で、入門を断られています。その後、軍人として再スタートし、薩摩閥の中で順調に出世します。日露戦争時には海相として活躍し、連合艦隊司令長官に東郷平八郎を選んだのが彼です。力士になっていなくて本当に良かったですね。

148

東郷平八郎 ❶
（一八四八〜一九三四年）

【東郷が動かなかったのはカンペが出ていたから】

豆知識

言わずと知れた日露戦争を勝利に導いた連合艦隊の司令長官。それまでの人事慣例を破るものと批判されたにもかかわらず、東郷を司令長官という重責に据えたのは山本権兵衛ですが、明治天皇に任命理由をただされると「東郷は運がよい男ですから」と答えたそうです。日本海海戦中、艦橋に出ずっぱりで一度も動かず海水でびしょ濡れになりますが、戦闘が終了した後に足を動かすと、そこだけ床が乾いていたという逸話が残っています。

149

東郷平八郎㈡

（一八四八〜一九三四年）

【俺がビーフシチューって言ったら、ビーフシチューなの！】

豆知識

ロシア留学中に食べたビーフシチューがあまりに美味しかったので、帰国後日本でも作れないか試してみたのですが、試行錯誤の上、なぜか「肉じゃが」を発明してしまうという愉快なエピソードを持っています。

150

真珠湾攻撃

（一九四一年）

【ブレーキランプ　9回点滅
ニ・イ・タ・カ・ヤ・マ・ノ・ボ・レの
サイン♪】

豆知識

「ニイタカヤマノボレ一二〇八《ひとふたまるはち》」は、日米開戦における戦闘行動開始の暗号文です。ニイタカヤマ（新高山）は当時、日本領であった台湾の山の名前です。富士山よりも高かったため、日本の最高峰でした。一二〇八は12月8日という日付を表しています。この暗号のもとに真珠湾攻撃が始まるわけですが、ブレーキランプでサインを送られると、車に突撃されそうで怖いですね。

公武合体♡

初期の釣りバカ日誌シリーズを
手掛けた栗山富夫監督が描く、
和宮と徳川家茂のラブシーンに
「公武合体♡」の文字が

索引

【む】

【も】

【や】

出ない順
中山の日本史C

2016年5月3日　第1刷発行

著者　中山
イラスト　千野エー
装丁　木庭貴信+角倉織音+岩元 萌(オクターヴ)
発行者　土井尚道
発行所　株式会社飛鳥新社
〒101-0003
東京都千代田区一ツ橋2-4-3
光文恒産ビル
電話03-3263-7770(営業)
電話03-3263-7773(編集)
http://www.asukashinsha.co.jp
印刷・製本　中央精版印刷株式会社

ISBN978-4-86410-454-8

編集担当:品川 亮